Local Multicultural Policy Design

# 지역다문화정책 디자인

박천응 • 박은희 지음

국경없는마을 출판사

초판 1쇄 발행일 2015년 11월 30일

지 은 이 박천응 · 박은희
펴 낸 이 박천응
펴 낸 곳 국경없는마을 출판사
주 소 경기도 안산시 단원구 원곡동 791-4
홈페이지 www.bvillage.org
전화번호 031-402-8786
팩 스 031-402-8782

I S B N 978-89-958516-3-0
정 가 12,000

본 연구는 안산시의 "안산시 다문화도시 클러스터 정책 연구"사업으로 이루어졌습니다.

# 지역다문화정책 디자인

# 목 차

# 목 차

# 목 차

# 표 차례

# 표 차례

# 그림 차례

# 그림 차례

## Ⅰ. 들어가며

### 1. 연구 필요성 및 목적

안산시는 대표적 이주민 밀집지역으로 그동안 다문화 공동체 공간으로서 선도적 역할을 수행해왔다. 2009년 원곡동 일대를 다문화 특구로 지정하였으나 다문화 공동체 공간으로 완성되기까지는 많은 노력이 요구되는 실정이다. 이러한 시점에서 안산시는 도시의 정체성과 주민들의 소속감 창출, 통합적이고 민주적인 공공영역 창출, 삶의 질에 대한 기대를 높일 수 있는 다문화도시로의 재도약을 모색하고 있다.

이주민이 급증하는 안산시에서 다문화는 다양성을 제고하고 지역자원으로 활용할 수 있는 기회적 요소를 가진 반면 치안의 사각지대화, 사회문화적 갈등의 원인이 될 수 있는 위협요인이기도 하다. 안산시는 이러한 기회적 요소와 위협적 요소를 어떻게 극복하고 다문화도시로 재도약하느냐 하는 과제에 직면해 있다.

이에 안산시는 이주민 밀집지역인 원곡 – 신길 – 초지동이라는 연구대상 지역의 다문화적 요소를 기회적 요소로 활용해 지역 공동체성을 살려내고 주민통합적인 다문화도시 클러스터 구축을 모색하고자 한다. 즉, 안산시의 다문화도시 클러스터 구축 전략은 연구대상 지역의 경제 활성화 전략임과 동시에 지역 공동체성 회복을 통한 지역 주민의 삶을 개선하는 지역 통합 전략이기도 하다.

향후 성공적인 다문화도시 클러스터 구축은 안산시의 부정적 이미지를 제고하고 다문화도시로서 많은 내•외국인이 방문하는 다문화 교육의 장이 될 수 있을 것이다. 또한 클러스터 구축 과정에서 지역내 사회적 경제를 활성화시키는 내생적 지역 경제 발전뿐 아니라 성공적 지역 경제 활성화가 외부의 투자 유치를 유인할 수 있는 계기가 될 수 있다.

구체적으로는 다문화도시 클러스터 구축을 위한 다양한 지역 주체들의 요구를 기반으로 하여, 다문화적 요소를 특성화할 수 있는 가능성과 여건, 주민 통합형 다문화도시 클러스터 비전을 실현시킬 수 있는 정책 과제와 실행방향을 주요 연구 내용으로 한다.

## 2. 연구범위 및 방법

### 1) 연구범위

(1) 시간적 범위

⋯➝ 1910년 이전의 전통문화, 1910년 이후 이주문화, 1990년 이후 혼종 문화

⋯➝ 1990년 이후 혼종문화를 중심으로 전통문화와 이주문화를 안산시 다문화도시 클러스터 내용으로 재구성

(2) 공간적 범위

⋯➝ 경기도 안산시 원곡 – 신길 – 초지동 일대

### 2) 연구방법 및 자료

(1) 문헌조사

① 연구지역 현황자료

⋯➝ 지역 일반 현황 및 기초 자원 검토

② 다문화 도시정책 자료

⋯➝ 다문화 도시, 지역기반 자원 활용정책 사례 연구 검토

⋯➝ 개념 및 연구모델, 연구방법 탐색

(2) 면접조사

면접조사 자료는 근거이론을 바탕으로 개방코딩 과정을 실시했다. 이를 통해 면접자료에서 나타나는 유사점과 차이점을 지속적으로 비교 분석해 개념이나 범주들을 도출하고 수정 • 분석과정을 거쳐 '다문화도시 클러스터' 형성을 위한 정책모델을 수립하고 정책 방향을 제시하는 과정을 거쳤다.

① 집단면접

⋯➝ 이주민 단체, 지역주민 단체 등 구성원의 집단면접을 통해 다문화도시 클러스터 방향 및 요구 조사 및 분석

② 심층면접

⋯➝ 지역 관련 주체 (원주민, 이주민, 유관기관 및 단체) 대상 심층 요구 조사 및 분석

③ 전문가 면접

⋯➝ 전문가 면접을 통해 세부 정책 방향 검토 및 도출

(3) 현장조사

⋯➝ 공공 • 문화시설, 거리, 단체 등에 대한 현장 방문, 자원 보유 현황 및 운영실태 조사

## II. 연구의 이론적 배경 및 모형

본 장에서는 원곡 – 신길 – 초지동이라는 연구대상을 중심으로 한 '다문화도시 클러스터'가 지향할 전략 기반과 정책 방향 도출을 위해 도시발전전략이 기반하고 있는 문화전략 모형을 먼저 살펴본다.

이후 클러스터 이론 검토 과정을 통해 기존 클러스터 이론의 한계를 비판적으로 검토하고 재구성하여 '다문화도시 클러스터'의 의미를 재규정 한다. 이러한 개념 재규정을 바탕으로 다문화도시 클러스터 구축을 위한 연구 분석틀을 수립한다.

### 1. 도시발전과 문화전략

문화를 매개로 한 도시발전 문화전략은 도시의 당면한 목표를 무엇으로 삼는가, 문화를 어떻게 개념 짓는가, 도시의 어느 공간에 초점을 두는가를 중심으로 유형화할 수 있다.

이는 그리피스(Griffiths, 1995)가 문화의 개념, 우선시 하는 정책 목표, 공간적 초점의 대상에 따른 분류로, ① 주민통합모형, ② 문화산업모형, ③ 선전주의모형으로 세분할 수 있다(박난순 외, 2004).

〈표 II-1〉 그리피스(Griffiths)의 문화전략 모형

| 모형 | 주요특성 | | | 대표적 도시 |
|---|---|---|---|---|
| | 문화의 개념 | 우선하는 목표 | 공간적 초점 | |
| 주민통합모형 | • 삶의 방식<br>ㅣ인류학적인 넓은 문화개념 : 공동체를 특징짓는 의미있는 실천 | • 주민통합<br>ㅣ수요자 중 주민에게 집중<br>ㅣ도시의 정체성과 주민들의 소속감 창출<br>ㅣ통합적이고 민주적인 공공영역 창출<br>ㅣ삶의 질에 대한 기대를 높임 | 도심 | Bolgna, Rome |
| 문화산업모형 | • 문화산업<br>ㅣ돈벌이를 위한 중요한 형식<br>ㅣ미래의 성장과 도시 매력을 위한 중요한 잠재력 | • 대체산업 발굴<br>ㅣ수요자 중 기업에 집중<br>ㅣ도시의 전면적 산업재구조화<br>ㅣ관광객 유인 | 필요 없음 | 1980년대 London, Sheffield |
| 선전주의모형 | • 고급예술의 좁은 개념<br>ㅣ예술을 도시판촉의 수단으로 봄 | • 도시 선전을 통한 도시 이미지 제고<br>ㅣ수요자 중 관광객에 집중<br>ㅣ숙련노동자를 끌어들여 기업을 유치함<br>ㅣ복합용도개발과 문화거리에서 상승효과 | 도심 | BirmingHam, Glasgow |

※ 출처: 박난순 외(2004)

〈표 11-1〉의 분류는 각각의 문화전략모형들에서 어떠한 요소가 가장 부각되느냐에 따라 분류되는 것이지 서로 배타적인 것은 아니다. 각 도시들은 창조성과 상상력을 동원해 이러한 문화전략들을 서로 결합하여 사용하고 있다. 따라서 각 도시들이 어떠한 문화전략을 채택하는가는 그 도시의 구체적인 사회경제적 맥락에 따라 상이하다. 구체적으로는 지역간, 국가간, 도시계층상에서 도시의 현재 그리고 바라는 위치, 도시의 최근, 그리고 장기적인 경제 및 산업재구조화의 경험, 도시 이면의 정치문화, 도시의 변화하는 사회(계급, 인종, 성) 구조에 의해 제기된 정치적 수요와 우선성, 예술•문화 그리고 기업엘리트 조직의 패턴, 지방행정과 정부구조에 의해 성취 가능한 기회들, 정부와 여타(기부금, 트러스트 등) 기금자원의 활용가능성 등등의 요소들이 작용한다(박난순 외, 2004).

본 연구는 도시발전전략을 위한 기반이론으로 문화전략모형 중 주민통합 모형을 핵심모형으로 채택할 것이다. 그러나 보완적으로 문화산업 모형과 선전주의 모형을 적용할 것이다. 이를 그림으로 나타내면 다음과 같다.

[그림 II-1] 문화전략과 연구 기반이론

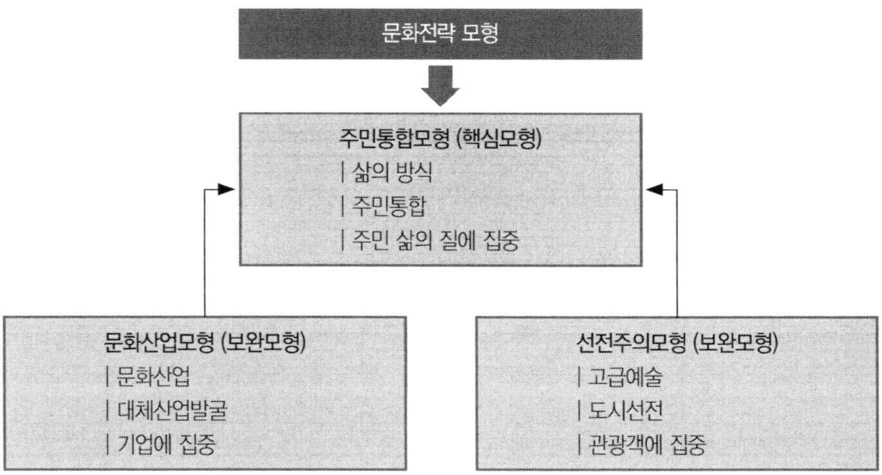


이러한 모델 추구의 필요성은 주민통합 모형 추구를 통해 수요자 중 주민에게 집중하여 안산이라는 도시의 정체성과 주민들의 소속감을 창출함과 동시에 통합적이고 민주적인 공공 영역을 창출하고 삶의 질에 대한 기대를 높이고자 하기 때문이다. 이를 위해 주민의 욕구가 무엇인지를 먼저 고찰하고 이를 바탕으로 구체적인 주민통합 전략 요소로 무엇을 채택할 것인지를 도출할 것이다. 그리고 지역 내 다문화적 요소를 살려 지역 경제 발전과 자립화를 추구할 수 있는 정책 방향을 제시할 것이다.

본 연구에서는 문화산업 모형과 선전주의 모형도 보완적으로 적용한다. 이는 문화산업 모형과 선전주의 모형을 통해 수요자 중 주민뿐 아니라 학생과 방문객에게 대상지역을 찾을 수 있는 공간인 문화 체험형 학습 공간으로 재구성할 필요성이 있기 때문이다. 이를 위해 본 연구는 문화거리 조성과 여유 공간 활용 방안, 복합용도의 도시로 활용도를 높일 수 있는 방안을 제시할 것이다. 특히 지역 특유의 문화적 요소를 드러낼 수 있는 요소가 무엇인지를 고찰하고 관련 정책 방안을 제시할 것이다.

## 2. 도시발전전략과 클러스터 이론

도시발전 문화전략 모형을 구체화하기 위한 실천적 이론 기반을 살펴보면 다음과 같이 내생적 발전 요인 이론과 외생적 발전 요인 이론으로 구분해 볼 수 있다.

외생적 발전 요인은 외적 요인을 통해 도시발전을 꾀하는 전략으로, 대표적인 이론은 장소마케팅론과 창조계급론을 들 수 있다. 앞에서 살펴본 문화전략 모형에서서 도시 선전을 통한 도시 이미지 제고와 관광객 유치에 집중하는 선전주의 모형이 전형적인 외생적 발전 요인 이론의 한 유형이자 장소마케팅론이라 할 수 있다. 창조계급론은 예술가들이나 외부 인재를 지역에 유치하는 식으로 지역 발전 전략을 추구하는 유형으로, 앞에서 살펴본 문화산업 모형이 이러한 예에 해당할 수 있다. 그러나 장소마케팅론과 창조계급론은 외부의 관광객과 외부의 인재 유치에 역점을 두고 있다. 이러한 외생적 발전 요인에 기반한 도시문화전략은 지역 경제의 왜곡과 변형, 양극화와 지역 주민의 소외 등의 문제를 초래할 수 있음이 지적되고 있다.

내생적 발전 요인에 기반을 둔 대표적인 도시문화전략 이론은 '클러스터'이론을 들 수 있다. 어원적으로 클러스터란 포도송이를 의미한다. 클러스터란 포도송이와 같이 다양한 요소가 결합된 일종의 생태계로 "특정 영역에서 상호 연계된 기업과 기관들의 지리적으로 집적"을 의미하며, "특정 산업이 특정 지역에서 유사성(commonalities)과 보완성(complementarities)으로 연결되어 유연성을 유지하면서도 경쟁력을 갖고 발전할 수 있는 계기"가 될 수 있기 때문에 중요하다(Porter, 1998).

클러스터는 기업, 공급자, 기관 등이 동일 지역에 입지한다는 것만으로도 경제적 가치를 창출할 잠재력이 생기지만 그것만이 필요조건은 아니다. 클러스터 내 상호교환을 용이하게 하는 메커니즘과 정보를 보다 더 쉽게 이동할 수 있게 도와줄 수 있는 여건이 필요하다. 다시 말해 클러스터가 잘 작동하기 위해서는 경제적 가치 창출의 잠재적 조직 결합만큼이나 중요한 것은 "신뢰의 창출과 경제적 이해관계의 차이를 완화함으로써 조정을 촉진할 뿐 아니라 정보의 장애물을 제거"하는 구조가 중요하다(Porter, 2009).

따라서 클러스터에서는 정보흐름의 촉진제 역할을 할 수 있는 지역의 개인적 관계, 다양한 단체나 커뮤니티와 그 연계 관계, 지속성과 장기적 관계에 대한 신념이나 행동규범, 비전 등이 중요하다. 또한 클러스터 내 목표 적합성 또는 호환성의 원천이 될 수 있는 기업 간 가족 또는 준가족적 관계, 서로 맞물린 이사들(interlocking director)과 같은 연계 관계, 산업 그룹 내의 공동소유권이나 부분적 지분 소유권과 같은 관계도 중요한 요소로 지적된다.

이러한 특성을 갖는 클러스터 이론에 기반한 도시재생 이론은 특정 영역 중 어디에 중점을 두느냐에 따라 산업클러스터, 문화클러스터 등으로 나눠지고 있다. 즉, 산업클러스터는 지역 내 산업적 요소에 중점을 두고 특정 산업의 기업들을 결합시켜 지역 발전을 꾀한다는 전략이다. 마찬가지로 문화클러스터는 지역 내 문화에 중점을 두고 지역 발전을 꾀하는 전략이다.

현재 안산시는 '지역특화발전특구에대한규제특례법'에 의해, 지역 경제의 발전 및 자립화를 목적으로 내•외국인을 대상으로 한 관광•레포츠 특구로, 원곡동을 중심으로 한 주변 지역을 '다문화특구'로 운영하고 있다. 즉, 안산시는 '다문화특구'라는 문화 특화발전 지역으로 문화클러스터 개념을 고찰할 필요가 있다.

포터(Porter)는 클러스터를 결정하는 주요 여건으로 요소적 조건(factor conditions), 수요적 조건(demand conditions), 연관 및 지원 산업(related and supporting industries), 기업전략 및 경쟁여건(firm strategy and rivalry)을 들고 있다. 이러한 네 가지 여건에 추가될 수 있는 중요한 변수는 정부의 역할과 산업적 기회 요인이라 할 수 있다.

여기서 포터(Porter)의 클러스터 경쟁력 네 가지 결정요소에 더해 기회요인과 정부의 역할이 직간접적으로 클러스터에 중요함을 주지할 필요가 있다. 본 연구에서도 이를 반영해 다문화도시 클러스터 조성 및 경쟁력 강화를 위한 요인으로 연구 대상 지역의 기회요인과 정부역할을 고려해 다문화도시 클러스터 구축 모델을 설정할 것이다.

그러나 본 연구에서 설정한 다문화도시 클러스터는 포터(Porter)가 설정한 기업을 주요대상으로 기업의 경쟁력과 지역 경쟁력 강화를 추구하는 것이 아님을 주지할 필요가 있다. 세부적인 다문화도시 클러스터 개념과 유형은 다음에서 살펴볼 것이다. 다만, 본 연구에서 다문화도시 클러스터가 지향하는 방향은 클러스터 형성 과정을 통해 주민통합형 공동체를 구축하고 지역 경제 활성화와 주민 생활개선을 꾀하는 것을 전제함을 주지하고 접근할 필요가 있다. 즉, 포터의 클러스터 개념을 비판적으로 재구성해 다문화도시 클러스터 개념을 재규정하고 효율적인 다문화도시 클러스터 형성을 위한 연구 모델을 설정할 것이다.

따라서 본 연구에서 포터의 네 가지 클러스터 결정요소를 영역별로 살펴보고 재구성하면 다음 표와 같이 정리할 수 있다.

먼저 '수요 조건'은 '주민통합적 요소'로 재규정하고, 주요 내용은 "연구대상 지역 주민, 이주민, 전문가, 이주민 지원단체 활동가, 시의원 및 공무원 등 지역 관련 주체들이 연구대상 지역에 대해 갖는 요구"로 구성할 것이다. 즉, 주민들이 연구대상 지역에 대해 가지고 있는 요구라는 수요적 측면을 분석하고 이를 통해 주민통합을 모색하고자 하는 것이다.

둘째, '요소조건'은 '다문화도시 특성화 요소'로 재규정하고, 주요 내용은 "다문화도시 특성화를 위한 지역 상권과 장소적 자원, 전통 자원과 유무형의 인프라, 지역 주체 역량과 지원 기관 및 단체 여건" 등으로 구성할 것이다. 즉, 연구대상 지역이 주로 상가와 주민으로 구성되어 있어 관련 유무형의 인프라를 활용하는 전략을 모색하는 것이다.

셋째, '기업전략 및 경쟁여건'은 행위 실천 전략이 기업이 아닌 지역 주민단체와 공동체임을 감안해 '비전 및 정책 요소'로 재규정하고, 주요 내용은 "연구대상 지역 공동체의 비전 수립과 달성 전략, 연구대상 지역의 다문화 특성화를 위한 여건 조성을 위한 제도 및 정책 지원 환경"으로 구성할 것이다. 연구대상 지역의 주요 행위 주체가 기업이 아닌 상인과 지역 주민이라는 점, 지역 공동체 발전 전략을 위한 비전과 정책 실행 여건이 지역의 주요 경쟁여건이 될 것이라는 점을 감안하고자 하는 것이다.

마지막, '연관 및 지원 산업'은 '주변 지역 연관 인프라'로 재규정하고, 세부내용은 "연구대상 지역 주변의 연계 가능한 산업적 자원"으로 구성할 수 있다. 그러나 주변의 연계 가능한 지원 산업은 본 연구대상 범위에서 벗어나기 때문에 본문에서는 주변 지역 연관 인프라로 예전 반월 • 시화공단인 안산 • 시흥스마트허브의 변화를 간략히 살펴볼 것이다.

〈표 II-2〉 포터(Porter)의 클러스터 결정 요소와 재규정 구성 내용

| 결정요소 | 주요 구성 내용 |
|---|---|
| 수요조건<br>(demand conditions) | ㅣ해당산업이 창출하는 재화 및 서비스에 대한 내수 특성<br>ㅣ내수 특성은 국내 수요의 특성 또는 소비자의 요구 특징, 수요의 크기와 성장패턴, 국내수요의 국제화 등 요인이 중요하며, 이러한 수요 특성을 파악하고 대응하는 것이 중요 |
| [재규정]<br>주민통합적 요소 | ㅣ연구대상 지역 주민, 이주민, 전문가, 이주민 지원단체 활동가, 시의원 및 공무원 등 지역 관련 주체들의 연구대상 지역에 대한 요구 |
| 요소조건<br>(factor conditions) | ㅣ숙련된 노동력, 천연자원, 자본, 인프라 등과 같이 기존 산업 경쟁에 필요한 생산요소<br>ㅣ인적자원과 물적자원, 지식자원, 자본자원, 인프라로 그룹화 할 수 있으며, 이러한 요소들을 효율적이고 효과적으로 구성하는 능력이 가장 중요 |
| [재규정]<br>다문화도시 특성화 요소 | ㅣ다문화도시 특성화를 위한 지역 상권과 장소적 자원<br>ㅣ전통 자원과 유무형의 인프라, 지역 주체 역량과 지원 기관 및 단체 등 |
| 기업전략 및 경쟁여건<br>(firm strategy and rivalry) | ㅣ기업의 창업, 조직, 관리 등과 국내 기업 간의 경쟁구도를 지배하는 국가기구의 특성<br>ㅣ기업을 경영하는 방식과 기업이 경쟁하는 구조는 국가 환경의 영향을 받게 되지만 다양함<br>ㅣ중요한 지점은 국가 또는 행정에 의해 기업전략 및 경쟁 여건에 중요한 영향을 미친다는 점임 |
| [재규정]<br>비전 및 정책적 요소 | ㅣ연구대상 지역 공동체의 비전 수립과 달성 전략<br>ㅣ연구대상 지역의 다문화 특성화를 위한 여건 조성을 위한 제도 및 정책 지원 환경 |
| 연관 및 지원산업<br>(related and supporting industries) | ㅣ국제적으로 경쟁력 있는 생산적 공급 요소 또는 관련 산업의 존재 여부<br>ㅣ경쟁우위에 있는 특정 산업은 여러 후방산업에서 우위를 창출하게 되고 이는 곧 상호 가치사슬에 의해 밀접한 관계를 유지하게 됨<br>ㅣ이러한 관계를 지속하기 위해 기술개발 지원 신규아이템 발굴, 트랜드, 정보제공 및 공유하기도 하며 참여 할 수 있는 기회를 제공하기도 함 |
| [재규정]<br>주변 지역 연관 인프라 | ㅣ연구대상 지역 주변의 연계 가능한 산업적 자원 |

## 3. 다문화도시 클러스터 개념과 유형

### 1) 다문화도시 클러스터

원곡동 일대를 중심으로 연구대상 지역의 다문화적 요소를 특화해 지역 경제 발전과 자립화를 꾀하는 문화클러스터 관련 개념들을 살펴보면 다음 표와 같다.

〈표 II-3〉 문화클러스터 관련 개념 비교

| 영역 | 문화클러스터 | 문화산업클러스터 | 문화지구 |
|---|---|---|---|
| 특징 | 예술가의 인적 네트워크와 지역사회 연계 | 문화산업기업의 기업 연계 | 상업적 문화기능의 집적 |
| 핵심 기능 | 시각예술, 공연예술, 예술기획, 예술교육 | 영화, 게임, 방송, 콘텐츠, 패션 등 | 박물관, 갤러리, 쇼핑몰 등 |
| 관련 이론 | 클러스터 이론, 예술세계론(Becker) | 클러스터 이론 | 장소마케팅 이론 |
| 관련 기존 연구 | Becker(2008), Stern and Seifert(2007), Makusen and Greg(2006), Markusen and Gadwa(2010) | Scott(2000) Power and Scott(2004) | Le Blanc(2010), Mommaas(2004), Montgomery(3003) |

※ 출처: 박세훈 외(2011)

스턴과 세이퍼트의 정의(Stern and Seifert)에 따르면 '문화클러스터'란 "다양한 문화적 자산이 연계되어 위치한 지리적 지역"개념이다. 이러한 문화클러스터는 "문화적 자산이 밀접한 연계를 가지고 자기 조직적으로 상호작용하는 문화예술의 생산 및 관련 기능의 지리적 집합체"로 정의될 수 있다.

문화클러스터를 구성하는 주요 요소는 네 가지로, 문화 참여자(또는 수요자), 비영리적 문화 생산자, 상업적인 문화 기업, 상주하는 예술가들로 보고 있다. 즉, 문화클러스터 개념은 예술가의 인적 네트워크와 지역사회 연계에 초점을 맞춘다.

산업적 측면이나 상업 또는 소비적 측면을 강조하는 문화산업 또는 문화지구 개념은 지역의 문화 생산 주체를 소외시킨다는 비판적 문제의식에서 출발한다. 즉, 문화클러스터는 문화를 통한 지역 발전을 꾀하되, 지역에서 생활하고 있는 생산 주체에 의해 생산되는 문화를 기반으로 문화클러스터를 형성하고 지역 발전을 꾀해야 한다는 것이다.

본 연구에서도 '문화클러스터'란 개념은 스턴과 세이퍼트의 정의(Stern and Seifert)와 같이 "밀접한 연계를 가지고 자기 조직적으로 상호작용하는 문화 예술의 생산 및 관련 기능의 지리적 집합체"로 정의하고, 문화클러스터의 주요 요소로 지역의 문화 생산 주체에 초점을 맞출 것이다. 그러나 문화생산 주체를 비영리 문화 생산자나 상주하는 예술가들뿐 아니라 지역 주민도 주요한 문화 생산자라는 측면에서 접근할 것이다.

문화란 넓은 의미에서 삶의 모든 영역을 포괄하는 개념이다. 즉 예술과 같은 좁은 의미만을 문화로 규정하고 예술가들을 문화생산의 주요 주체로 상정하는 것은 문제가 있다. 자칫 예술가를 강조하면서 지역 문화클러스터를 외부 예술가에 의존하게 되는 외생적 발전론의 한계를 가질 수 있다. 따라서 다문화적 요소란 다양한 국가의 예술적 측면뿐 아니라 특정한 삶의 양태를 보여주는 주민의 일상생활 영역을 포함한 광의의 개념으로 규정해야 한다. 이러한 일상생활의 영역은 주민들의 삶의 모습 그 자체가 될 수 있다. 그리고 사회적 관계 속에서 소비를 중심으로 한 상업적 형태로 전환되어 시장이나 산업 형태가 될 수도 있는 것이다.

다시 말해, 문화 영역을 문화클러스터 개념에서 생산 주체가 소외된다는 측면을 고려해 소비적 상업 영역과 산업 영역을 배제하는 것은 한계가 있다. 문제는 생산 주체가 소외되지 않고 '자기 조직적으로 상호작용'하며 다양한 국가의 문화를 안산시 원곡동이라는 일상생활 영역에서 어떻게 생산하고 소비할 수 있느냐 하는 점이다.

이와 같은 기존 개념에 대한 문제의식을 바탕으로 본 연구에서 '다문화도시 클러스터'란 "다양한 국가의 문화 • 예술뿐 아니라 상업 및 산업적 요소를 포함한 일상생활의 다문화적 요소가 자기 조직적으로 상호작용하는 문화 생산과 유통 • 소비 관련 기능의 지리적 집합체"로 재규정하고자 한다.

이러한 '다문화도시 클러스터' 개념 규정에 의하면 문화의 주요 생산 주체를 주민(이주민)으로 본다는 측면에서 문화클러스터 개념에 가깝다. 그러나 상업 및 산업적 요소를 포함한다는 측면에서 문화산업적 개념도 포함한다. 따라서 '다문화도시 클러스터'는 문화산업적 특성도 함께 나타나게 될 것이다.

2) 문화클러스터 유형

스코트(Scott)에 의하면 문화상품을 생산하는 문화산업은 대략 다섯 가지의 주요 기술적 조직적 특성을 보여주고 있다. 첫째 기술과 노동과정은 수공업적 특성을 가지며 유연적 컴퓨터기술에 의존하는 정도가 커지고 있다. 둘째 생산은 중소규모사업체의 조밀한 네트워크로 조직되어 있으며 생산을 위한 투입에 있어서 이러한 생산네트워크에 참여하는 대기업을 발견하기는 쉽지 않다. 셋째 네트워크 형태의 산업단지 군집은 지역 노동시장에 막대한 영향을 미치며 숙련된 노동력을 필요로 하고 문화상품을 생산하는 산업에서 고용관계는 전통적으로 매우 유연하며 구인과 구직의 순환이 빠르다. 넷째 문화상품의 생산단지는 지역적 집적을 통해 외부경제를 충족시키며 집적은 서로를 배우는 문화적 학습효과를 가져오고 그것은 다시 집적을 강화한다. 다섯째 공간적 집적은 생산자간의 연계와 전반적인 서비스제공 정보의 흐름 촉진 신뢰의 형성에 의해 지역산업의 경쟁력을 강화하고 지역경제의 기능을 강화한다. 즉 문화산업 발전의 전형적인 특성은 특정 분야에 높은 안목과 창의력을 가진 전문가들과 중소규모 전문생산업체들이 서로 집적하고 연계관계를 갖는데 있다(정건용, 2011).

그러나 본 연구 대상지역인 원곡동 일대는 문화산업클러스터는 아니다. 즉, 특정 분야의 문화를 생산할 수 있는 높은 안목과 창의력을 가진 전문가들과 중소규모 전문생산업체들이 집적되어 있지 않다. 그러나 다양한 문화적 배경을 가지고 있는 이주민이 상대적으로 다수 거주하고 있다. 또한 연구대상 지역에는 기존의 전통적인 문화적 자산도 존재하고 있다. 따라서 향후 연구 과정에서는 다양한 이주민과 지역 주민, 그리고 기존의 문화적 전통 자산 등을 활용해 어떻게 다문화 특성화 지역으로 전환시킬 수 있을지를 도출할 과제를 안고 있다.

다문화 특성화 지역으로 전환 과정은 어떤 입지적 조건과 특성 속에서 '자기 조직적으로 상호작용'이 이루어지느냐에 따라 다르게 나타날 수 있다. 이를 자생적, 민간 주도적 관 또는 공공기관 주도적이냐에 따라 다음과 같이 문화클러스터 유형으로 접근해볼 수 있다.

〈표 II-4〉 문화클러스터의 유형과 특징

| 영역 | 자생형 | 기획・지원형 | |
|---|---|---|---|
| | | 민간주도형 | 정책지원형 |
| 입지 특성 | 도심지역 및 공단 등 유휴시설로 지가가 저렴하면서 접근성이 좋은 지역 | 농촌의 폐교, 공단지역 및 신규 단지 조성 | 재래시장, 구도심, 폐교, 공단 등 쇠퇴지역이나 유휴 공간 |
| 주요 특징 | ǀ 오랜 시간에 걸쳐 자연스럽게 형성<br>ǀ 젊고 초기 경력의 예술가들이 집적<br>ǀ 강력한 네트워크, 역동성, 다양한 지역사회활동 등을 특징으로 함<br>ǀ 도심지역의 경우 지역 전체가 상업화될 우려 | ǀ 입지를 가진 기성 예술가들이 집적<br>ǀ 창작 공간과 주거 공간 겸용<br>ǀ 문화시설 등의 유치로 문화자원화 진행 | ǀ 도심재생이라는 정책적 목표를 가지고 조성<br>ǀ 주로 레지던시 사업으로 구성원이 지속적으로 교체됨<br>ǀ 민간과 공공의 협력사업으로 추진 |
| 사례 | 홍대앞, 대학로, 전주동문사거리, 문래예술촌, 인천배다리골 | 헤이리 예술인 마을, 쌈지스페이스, 안양 석수시장, 광주 의재창작스튜디오, 부산 오픈스페이스 배, 아트백토리 인 다대포, 금호창작스튜디오, 정선호촌미술관, 청주미술창작스튜디오, 담양 예술창작스튜디오, 내설악 예술인 마을, 오궁리 미술촌, 제주 저지 예술인마을 | 인천아트플랫폼, 부산또따또가, 광주 대인시장, 대구 문화창조발전소, 달성군 박달예술인촌, 상주 예술촌, 김해예술창작스튜디오, 서울 금천예술공장, 동해예술인 창작스튜디오, 가인예술촌, 진안 / 무주 / 정읍 창작스튜디오 |

※ 출처: 박세훈 외(2011) 재구성

향후 '다문화도시 클러스터'도 구축 과정에서 위의 특성들이 나타날 것이다. 이는 구축 전반에 나타날 수도 있고, 구축 단계에 따라 다른 특성을 보이며 발전할 수 있다. 그러나 여기서 중요한 지점은 다문화도시 클러스터 구축 과정에서 민과 관이 어떠한 전략과 방식으로 지역 발전을 도모하고 개입하느냐에 따라 다르게 나타날 것이라는 점이다. 특히 민간을 배제하고 관이 주도하는 방식이냐 아니냐에 따라 기본적인 성격이 다르게 나타날 수 있다.

여기에 더해 민간이라는 측면은 예술가 중심이냐 아니면 기업이나 상가 중심이냐에 따라서도 달라질 수 있다. 기존 문화클러스터 연구의 전제는 지역 예술가들이 '클러스터' 주체가 되어 지역사회에 긍정적인 문화 확산과 경제 활성화 효과를 가져 올 수 있는 원천으로 보고 있다. 즉, 예술가 사회네트워크 중심의 문화클러스터가 매출증대, 유동인구 증대와 같은 직접적 경제적 효과뿐만 아니라, 지역사회 정체성 제고, 삶의 질 향상, 시민의 문화향유 기회 확대 등 긍정적인 사회적 효과를 야기한다는 것이다.

그러나 '다문화도시 클러스터'의 목적은 예술가들이 중심이 되어 다문화도시 클러스터를 형성하는 것이 아니다. 즉, 지역의 주민과 다양한 문화적 배경의 이주민들이 주체가 되어 상호작용하는 과정에서 다문화도시 클러스터를 구축하는 것을 목적으로 한다. 이 과정에 예술가들은 다양한 국가의 문화적 요소를 살리고, 지역 자체를 다문화적 요소가 강화된 형태로 나타날 수 있게 하는 촉진자 역할을 할 수는 있다.

이상 검토 내용을 바탕으로 '다문화도시 클러스터' 구축을 위한 이론적 기반과 개념을 재규정하고, 향후 연구를 위한 분석틀을 제시하면 다음과 같다.

## 4. 소결 및 연구 분석틀

본 연구는 원곡본동을 중심으로 지역의 다양한 주체가 가지고 있는 다문화적 요소들이 무엇이고 이를 지역에서 활성화하기 위해 어떤 조건과 요구 속에 있는지에 초점을 두고 분석할 것이다.

본 연구에서 '다문화도시 클러스터'란 "다양한 국가의 문화 • 예술뿐 아니라 일상생활의 모든 영역과 상업 및 산업적 요소를 포함한 다문화적 요소가 자기 조직적으로 상호작용하는 문화 생산 • 유통 • 소비 관련 기능의 지리적 집합체"로 규정하고자 한다.

이와 같은 규정을 바탕으로 '다문화도시 클러스터' 구축 방향은 도시발전을 위한 문화전략 중 "주민의 삶의 질에 대한 기대를 높이고 주민들의 소속감을 높이며 통합적이고 민주적인 공공영역 창출"이라는 '주민통합 모형'을 채택한다. 그러나 주민통합 과정은 지역 내 다문화적 요소를 발굴, 외부 방문객 등이 유입되고 지역 경제가 활성화될 수 있는 문화산업지구로 재구조화시키는 과정인 '문화산업 모형'과 도시 선전을 통해 도시 이미지를 제고시키고 외부 방문객과 투자 등을 유인할 수 있는 '선전주의 모형'을 보완적으로 채택하고자 한다.

이러한 이론적 기반을 바탕으로 '주민통합형 다문화도시 클러스터' 조성이라는 다문화도시 클러스터 구축을 위한 분석틀을 제시하면 다음과 같다.

[그림 II-2] 다문화도시 클러스터 정책 및 전략 수립을 위한 연구 분석틀

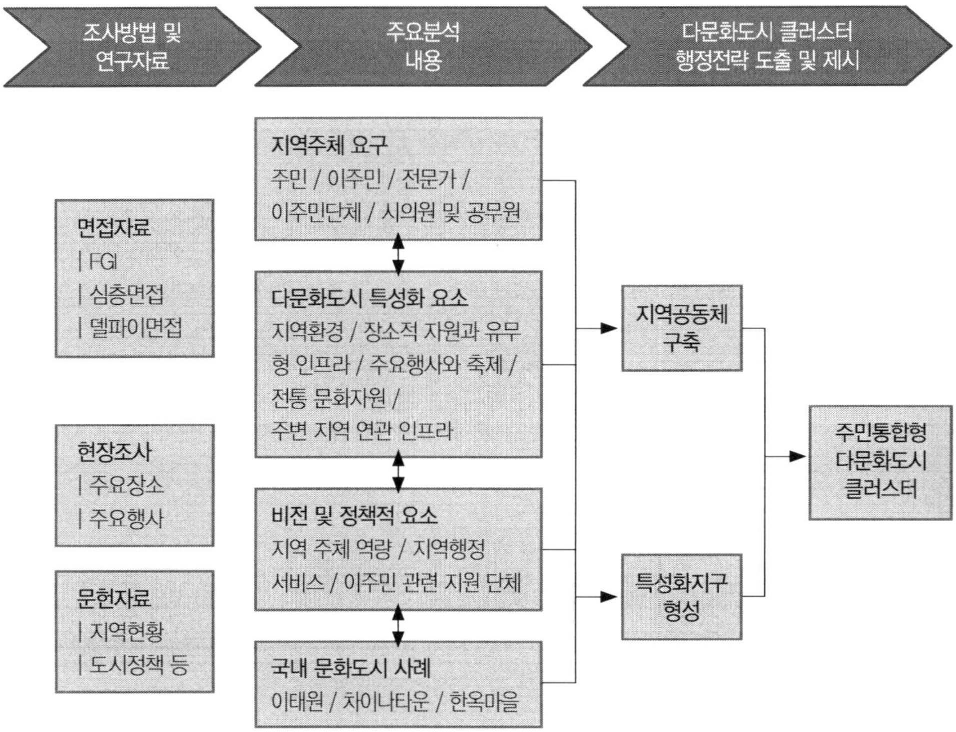

## Ⅲ. 다문화도시 지역주체 요구

본 장은 안산 지역 주체들의 요구를 분석한 장이다. 분석 대상은 안산 지역에 거주하고 있는 한국인 주민, 외국계 주민, 공무원과 시의원, 전문가, 유관 단체 및 기관을 주 대상으로 하였다.

구체적으로는 첫째, 다문화 공간으로서 대상지역 주체들의 문제제기와 행정현안 요구, 둘째, 대상지역이 다문화도시로 재구성될 때 바라는 지점에 대하여 살펴보았다. 이와 같은 두 가지 요구 사항을 기초로 하여 다문화도시로 재구성될 때 주민 참여형 다문화 도시로 활성화되기 위해 필요한 지점은 무엇인지를 점검한다.

면접 자료 분석은 근거이론에 기초하여 개념근거를 산출하였고, 개방코딩과 선택 코딩을 통하여 하위범주와 상위 범주로 구분할 것이다. 범주화된 면접 자료는 다시 그리피스(Griffiths)의 문화전략 모형을 참조하여 다문화전략 모형으로서 주민 통합적 요소, 다문화 특성화 요소, 비전 및 정책적 요소의 영역으로 재 범주화할 것이다.

이 과정에서 연구자는 최대한 객관성을 확보하기 위해 노력하면서 주관성을 기초로 범주화된 하위범주와 하위범주를 다시 다문화전략 모형으로 선택 코딩하여 다문화 정책 전략의 영역과 내용을 추출할 것이다. 이렇게 추출된 다문화도시 지역주체 요구에 기초한 정책 전략은 안산 다문화도시 클러스터 정책의 기초 안으로 삼을 것이다.

### 1. 조사개요

지역주체들의 요구를 확인하기 위해 원곡동에 거주하거나 사업장을 갖고 있는 한국인 주민과 이주민, 관련 전문가, 이주민 지원단체 활동가, 안산시의원, 담당 공무원 등과 일대일 인터뷰나 간담회 형식을 통해 다양하게 진행되었다.

2015년 7월부터 10월까지 4개월 동안 사업장이나 해당 기관을 방문하여 자연스럽게 원곡동과 관련된 경험과 의견, 제안하고 싶은 정책 등을 청취하였다. 특히 인터뷰 과정에서 부족한 부분은 원곡 • 신길동 주민을 중심으로 한 공청회를 통해 의견 수렴 과정을 거쳤다.

〈표 Ⅲ-1〉 인터뷰 명단

| NO. | 구분 | 이름 | 소속 | 비고 |
|---|---|---|---|---|
| 1 | 한국인 주민 | 주민 A | 자영업 | |
| 2 | | 주민 B | 자영업 | |
| 3 | | 주민 C | 자영업 | |
| 4 | | 주민 D | 자영업 | |
| 5 | | 주민 E | 자영업 | |
| 6 | | 주민 F | 자영업 | |
| 7 | | 주민 G | 자영업 | |
| 8 | 이주민 등 | 이주민 A | 자영업 | |
| 9 | | 이주민 B | 경로당 | |
| 10 | | 이주민 C | 경로당 | |
| 11 | | 이주민 D | 회사원 | |
| 12 | | 이주민 E | 회사원 | |
| 13 | 전문가 | 전문가 A | 학계 | |
| 14 | | 전문가 B | 학계 | |
| 15 | | 전문가 C | 학계 | |
| 16 | | 전문가 D | 학계 | |
| 17 | | 전문가 E | 문화예술계 | |
| 18 | | 전문가 F | 법조계 | |
| 19 | | 전문가 G | 문화예술계 | |
| 20 | | 전문가 H | 문화예술계 | |
| 21 | | 전문가 I | 사회경제계 | |
| 22 | NGO | 단체 A | 이주민 지원단체 | |
| 23 | | 단체 B | 이주민 지원단체 | |
| 24 | | 단체 C | 이주민 지원단체 | |
| 25 | | 단체 D | 문화예술단체 | |
| 26 | 시의원 및 공무원 | 시의원 | 안산시의회 기획행정위원 6명 | 집단인터뷰 |
| 27 | | 공무원 A | 안산시 공무원 | |
| 28 | | 공무원 B | 안산시 공무원 | |
| 29 | | 공무원 C | 안산시 공무원 | |

## 2. 원곡동 주민 의견

### 1) 주민통합적 요소

원곡동 주민이 제기하는 주민통합적 요소로는 '주민의 소외 의식, 공동체 붕괴, 지역 무질서, 지역 이미지 실추, 행정의 역할 부재'로 요약되었다.

주민의 소외 의식에 대하여 원곡동 주민들은 이주민 밀집지역에 거주하면서 '한국인 소외, 한국인 차별, 이주민 혜택, 이주민 집중 복지 불만'과 같은 표현으로 한국인으로서 오히려 역차별을 당하고 살아가고 있다고 생각한다. 원곡동에서 한국인 상권 등이 점차 빠져나가고 오히려 한국인들이 소수자가 되면서 '중국인 증가 경계' 의식과 '이주민에 대한 위화감'을 느끼며 살아가고 있다고 본다.

한국에서 한국인이 소외되면서 지역 주민은 '이주민을 향한 분노'가 높아지고 있으며, 지역 사회에서 '한국인이 이주민과의 어울림 부재' 현상이 심화되고 있다고 느끼고 있다. 또한 원곡동 주민들은 지역 공동체가 붕괴되었다고 본다. 원곡동 이주민 밀집지역에서의 한국인 소외감은 지역 사회 공동체에도 위기감을 주고 있다. 주민자치를 위한 '주민자치위원회의 실효성'에 의문을 가지고 있고, 지역 사회의 일에 '주민참여 저조' 형상이 나타나고 있으며, 지역 사회에서 봉사활동을 하는 주민들에 대한 지원도 저조한 것으로 표현하고 있다.

그리고 이주민 밀집지구인 원곡동이 무질서하다고 보았다. 이 지역 주민의 불만 중 가장 큰 문제가 무질서의 문제이다. 기초질서의 문제로는 '고성방가, 노상방뇨, 담배꽁초, 쓰레기, 불쾌한 옷차림, 노숙자' 등의 문제가 있으며, 노점상 문제로 상당한 갈등이 존재한다. '노점 물건 적치 방치, 거리 음식 불량, 길거리 생선 방치, 거리 파라솔 불편, 노점상 공원 진입 차단' 등의 문제가 제기되고 있다. 지역 주민이 민원을 제기해도 '민원제기 창구'가 부족하고 민원을 제기해도 이행이 안 된다는 불만이 높다. 따라서 지역주민들은 노점상 문제 등에 따른 '시장의 규격화', '기초질서에 대한 교육' 등을 끊임없이 요청하고 있다.

원곡동 주민들은 이주민 밀집지역인 원곡동이 안산 지역의 이미지를 실추시키고 있다고 보았다. 지역 사회에서 살고 있는 사람들의 인상을 '찡그리게' 하고, 지역의 이미지를 실추시키는 요소로는 '관리되지 않는 거리튀김 음식, 가스통 노점상, 더러운 거리, 이주민 범죄' 등이 있으며, 외부인들이 원곡동을 방문했을 때 거부감을 주는 요소를 제거하고 지역 이미지를 좋게 하는 상징물 설치 등을 요구하였다.

원곡동 주민들은 이주민 밀집지역에서 불만이 높지만 행정의 역할이 부재하다고 느낀다. 원곡동에서 한국인들이 소외되고 이주민들로 인한 무질서와 지역 이미지 실추 등에 따른 지역 주민에 의한 민원 제기를 하지만 '공무원의 소극성'과 '지역 현안 안일 대처'에 대한 성토가 높다. 그동안 다문화 행정을 열심히 해 왔다고 하는 공무원들의 평가와는 달리 지역 주민은 '탁상 행정 사업, 거리 무질서 방치, 식품위생 방치, 노점상 방치, 외국식당만 혜택' 등에 불만이 높으며 다문화특구에 대한 실효성에 의문을 제기하고 있다.

2) 다문화도시 특성화 요소

원곡동 주민의 다문화도시 특성화 요소에 대해서는 '주민도 모르는 다문화, 문화적 다양성 부재, 지역상권 문제, 콘텐츠 부재, 다문화 행정 문제'로 요약할 수 있다.

원곡동의 주민들은 자신도 다문화가 무엇인지 모른다고 본다. 즉 이주민 밀집지역인 원곡동에 사는 한국인들은 '다문화 정책'으로부터 소외되어 있다. 심지어 원곡동에 다문화적인 상징물, 예를 들어 '접시조형물', '키다리 아저씨', '보도블록 구조물', '거리 의미' 등에 대하여 잘 모른다. 원곡동에 거주하는 한국인도 모르는, 다문화의 의미를 가진 사물들이 뒹굴고 있다. 이러한 상징물들이 기호적으로 주민들과 의미의 소통이 이루어지지 않는다.

또한 지역문화의 다양성에 대하여 부정적인 생각을 가지고 있다. '볼거리 부재, 특산품 부재, 정보 부재, 홍보 부재, 안내 부재, 중국 획일화, 다문화거리 특성 부재' 등의 목소리가 높다. 원곡동 주민들은 안산시 다문화 정책은 지역 경제와 상권의 문제와 관련 된다고 본다. 그러나 현실적으로 원곡동은 '비싼 권리금, 방문자 위한 상품 부재, 특성 메뉴'가 부재하다.

원곡동 주민들은 다문화 행정 문제에 대하여 안산시가 과장된 지역 해설을 하고 있다고 보고 있다. 이 지역의 주민들은 안산시의 다문화 특구를 실패했다고 진단하고 있으며, 다문화 특구의 비실용적(안산역, 다문화거리, 화단, 거리 바닥 돌) 행정이 계속 되고 있다고 비판 한다.

3) 비전 및 정책적 요소

원곡동 주민들이 제안한 비전 및 정책적 요소로는 이주민과 주민 소통이 중요함이 강조 되었다. 안산시가 단일지역으로서 전국에서 가장 많은 이주민이 거주하고 있으며 이로 인하여 불편함도 많이 발생하고 있다. 그러나 주민들은 안산시에서 이주민과의 동거는 불가피한 것으로 받아들이고 있다.

특히 원곡동 주민들은 자발적 주민 참여가 안산시 다문화 정책의 관건이라고 보았다. 이주민 밀집지역인 원곡동이 발전하려면 주민의 자발성이 중요하며, 안산시의 일방통행에 문제제기를 하고 있고, 다문화적 소통의 지도력이 필요하다고 보았다.

또한 이주민 밀집지역인 원곡동의 재구성을 요청하고 있었다. 한국인과 이주민의 균형 있는 노점상 정책과 질서유지를 요구하였다. 원곡동의 발전 모델이 이태원이 아니라고 보았으며, 나아가 원곡동을 상업지구화 해 줄 것을 요청하고 있다. 또한 세계의 문화를 알 수 있는 상품 등을 요구하고 있다. 또한 지역 다문화 활성화를 위한 콘텐츠로서 해설사의 배치, 지역 스토리텔링 발굴, 박물관 유치 등을 요구하였다.

이러한 안산시 다문화 정책의 발전을 위하여 원곡동 주민들은 안산시의 주민과 소통을 강조하였다. 그동안 '안산시의 비현실적 공청회, 관 중심의 소통, 주민의견 전달의 벽, 각본에 의한 의견 청취' 등 관 중심의 소통 한계와 소통의 불신, 소통 무용성이 상당함에 유의할 필요가 있다.

〈표 Ⅲ-2〉 원곡동 주민 의견

| 개념근거 | 하위범주 | 상위범주 |
|---|---|---|
| • 같이 어울리는 문화행사도 없고, 자기네 잔치지 화합되는 게 없어.<br>• 다문화거리라는 자체가 우리가 소외되고 사는 거지, 각각 놀고 있어.<br>• 다문화에 눌려 한국사람 기를 못 펴고 살아.<br>• 한국사람 간판 내놓으면 바로 가져가요. 가스통 갔다놓고 그걸 외국인이면 놔둬요. 다문화를 빼던가 혜택을 주던가.<br>• 한국 사람들이 세금내고 집세내고 장사하고 있는데 (외국인 때문에) 피해를 본다고.<br>• 한국 사람들 기가 눌러 얘기하는 사람들 없어. 여기가 그렇게 변해버렸어. 노점상은 터치안하고 건물은 조금만 불법하면 터치 들어와요.<br>• 한국 사람들 무상으로 틀니 해줬다는 얘기 들어 봤어요?<br>• 여기 큰 덩어리 가게는 중국 사람이에요. 원곡동 자체가 걔네가 거의 잠식 했어요. 한국 사람들 가게보다 많아졌어요. | 어울림부재.<br>한국인 소외.<br>한국인 차별.<br>외국인 혜택.<br>이주민 집중 복지 불만.<br>중국인 증가 경계.<br>이주민 위화감.<br>한국인의<br>이주민 향한 분노. | 주민의<br>소외 의식 |

| 개념근거 | 하위범주 | 상위범주 |
|---|---|---|
| • (외국인 소비자)한국 사람들한테 안와요. 장사 수단으로 (외국인손님 끌려고)친해보려고 별짓 다해봤어요.<br>• 법 없으면 하루에 20명은 패줄 수 있을 것 같어. | | 주민의<br>소외 의식 |
| • 주민자치위원 10년 넘게 했는데 털고 나오니 이름만 있다 뿐이지.<br>• 동사무소 4개 단체가 봉사하는 건데 요새는 그것도 안해요.<br>• 보수받고 하는 것도 아닌데 뒷받침을 해줘야지. | 주민자치위 실효성.<br>주민참여저조.<br>지역봉사 지원 필요. | 공동체 붕괴 |
| • 질서를 지키려고 하다보면 나만 멍청해 보일 때 있어. 나도 장사를 하지만 내놓고 팔고 있어. 선을 지켜줘라 해도 안들어.<br>• 여름만 되면 웃통 다 벗고 조폭 같아. 어제도 '혁띠'를 풀고 '자꾸'를 내리고 있어요. 술 마시고 아무데나 소변보고.<br>• 여기(원곡동) 오면 담배꽁초 버려지더라니까.<br>• 안산역 앞에도 술 취한 사람 죽은 일도 있었잖아요.<br>• 노점도 하게 하려면 지정을 해서 해 주던가, 냄새나는 음식들 길거리에서 아무렇게나 튀기고 말이야. 민물고기 장사하는 사람들 바닥에 놓고 하는데, 외부 사람들이 왔을 때 눈살 찌푸려.<br>• 저녁에 소리 지르고 난리나. 안산 여기 들어오면 편안히 구경할 수 있는 거리가 되어야 하는데. 주말에 보면 파라솔에 걸리고, 사람에 걸리고 짜증나요.<br>• 휴일에 만남의 광장 입구 진입 불가.<br>• 이 동네가 변한 게 많은데 쓰레기 등 난잡하게 변할 것이라고 생각 못했어요.<br>• 타국 사람들은 안 그러는데 중국은 질서가 없어요.<br>• 혼자는 못해요. 표적도 되고. 5년 안에 잡아야 해요.<br>• 민속시장 규격화, 활성화되어 있잖아요.<br>• 외국인들도 들어올 때 (기초질서)교육 좀 시키고. | 노점물건 적치 방치.<br>불쾌 옷차림.<br>노상방뇨.<br>담배꽁초.<br>노숙자.<br>불량 거리 음식.<br>길거리 생선방치.<br>고성방가.<br>거리 파라솔 불편.<br>공원진입 불편.<br>시장규격화.<br>쓰레기 문제.<br>민원제기 창구 부족.<br>기초교육 부재. | 지역 무질서 |
| • 이미지가 떨어져서 사람 못사는 동네라고.<br>• 포장마차 때문에 바닥이 기름투성이고 음식도 먹을 수 없는 거야. (안산역)입구부터 이미지 좋게 해야지. 가스통 갖다 놓고 장사하는 거 못하게 해야지.<br>• (노점상)부부로에 몰리는 건 안돼요.<br>• 노점상 자체는 크기를 막론하고 없애야 됩니다.<br>• 최근에는 (원곡동으로) 들어오라고 안 해요. (한국 사람들) 회식도 전부 외부로 빠져요.<br>• 길거리 깔끔하게 정돈해야 해요. 지저분하네 하면 안 와.<br>• 덩어리가 커져 방치하면 누구 말도 안 들어요. 지금 빨리 수습해야 해요. | 거리 튀김 음식.<br>가스통 노점상.<br>상징물 부재.<br>외부인 거부 요소 제거.<br>더러운 거리.<br>외국인 범죄. | 지역 이미지 |

| 개념근거 | 하위범주 | 상위범주 |
|---|---|---|
| • 원곡동 범죄 때문에 이름 바꾸자는 건의 들어왔다는데, 이름 바꾼다고 있었던 사건이 없어지나요. | | 지역 이미지 |
| • 환승센터 관리 안 해서 위험해요. 안산역 앞에도 돌 깔아놓고 관리를 못해 개판 오분전이에요.<br>• (외국인주민센터)소장하고 (원곡본동)동장하고 임기만 때우고 가면 그만이야.<br>• 구루마 안에 가스통 하나씩 끌고 나오는 게 원곡동에 큰 문제 될 수 있어요. 빨리 시정해야 해요.<br>• 세금받아 월급 주는데 이렇게 단속하면 되는 거냐고. 여러 나라 음식들 있는 거 좋은데, 즉석음식도 덮는 것도 없어. 식품위생 단속이 없어. 강하게 (단속)하면 좀 달라질 거야. 관에 있다고 해서 어려워하지 말고. (단속)공무원 자체가 안이하게 대처하고 있어요. 길거리에서는 난잡하게 잉어도 팔고 하는 건 그대로 둬요. 행정을 사무실에서 어떻게 하는지 답답해요.<br>• 특구된 다음에 식당에 보상 준 것밖에 없어.<br>• 결과적으로 노점상을 키워주는 거예요.<br>• 지금 뭘 하는지 모르겠어요. 자기들 나름대로 하는 일은 있다는데, 여기로 나오지도 않아요. 그 사람들 손을 놓고 있어요. | 공무원 소극성.<br>탁상행정 사업.<br>거리 무질서 방치.<br>식품위생 방치.<br>다문화특구<br>실효성 의문.<br>노점상 방치.<br>지역현안 안일 대처.<br>외국식당만 혜택 불만. | 행정의 역할 |
| • (만남의 광장)조형물이 있는데 뭔지 몰라서 물어봤더니 젓가락, 숟가락, 밥그릇이래.<br>• 외국인주민센터 옆에 있는 키다리아저씨 있는데 그게 뭔지 몰라. 여기는 보여 주기식이야.<br>• 보도블럭에 세계지도 있다며?<br>• 왜 거기 다문화거리가 있는 건지 모르겠어. | 조형물 의미.<br>키다리 의미.<br>보도블록 세계지도.<br>거리의미 등 부재. | 주민도 모르는 다문화 |
| • 외국 특산물 파는 것 많이 있는 것도 아니고, 다문화음식거리 내놓을 만한 거 하나도 없어.<br>• 인도네시아 음식, 월남국수 어디서 파냐고 묻는데, 내세울만한 게 없어 답답해.<br>• 외국 가보면 중국사람, 필리핀사람 등 자기네 특산물도 알려주고 하는데 여긴 하나도 없어.<br>• 여기 견학 오는 학생들 왜 와. 애들이 자기네끼리 모여 자기네 얘기만 하고 끌려가는 거 여러 번 봤다고. 인솔교사가 뭘 주제를 갖고 오는 건지 설명하는 거 한 번도 못 봤어. 그 사람들도 그럴 수밖에 없는 게, 설명할 게 없어. | 볼거리 부재.<br>특산품 부재.<br>정보 부재.<br>홍보 부재.<br>안내 부재.<br>중국 획일화<br>다문화거리 특성부재. | 문화적 다양성 |

| 개념근거 | 하위범주 | 상위범주 |
|---|---|---|
| • 다문화거리라고 이름 걸려 있는 것 자체가 부끄러울 정도야. 여긴 특구라고 해도 볼 게 하나 없잖아.<br>• 이런 곳 5년 냅두면 중국사람 장악해. 원곡동이 중국화되고 있어요. | | 문화적 다양성 |
| • 권리금 2억 ~ 3억인데 어디 가서 하겠어요. 관광객들이 와서 이런 것도 있더라 하는 그런 거(전시 공간) 하나 만들고 싶었어요.<br>• 외부에도 가면 점심특선메뉴 같은 거 하면 쌈박하게 해놓고 나중에 올수 있게 해야 해요.<br>• 특이하게 그 나라 물건도 팔수 있고, 여기 오면 뭣도 살 수 있어야 사람이 자꾸 오지. | 비싼 권리금.<br>방문자 위한상품부재.<br>특성 메뉴 개발.<br>세계상품 판매. | 지역 상권 |
| • 현장학습 오는데 그런 곳에 해설사가 있어야 해요. 원곡동이 얘기가 무궁무진한 곳이에요.<br>• 외국인이건 한국인이건 오면 눈요기꺼리 있어야 해요.<br>• 작은 도서관 두 개를 만들지 말고, 동네를 활성화시킬 수 있는 이런 박물관을 만들어 놓는 것도 좋은 방법인 것 같아요.<br>• 마을금고 앞, 그리고 저 끝(부부로 연결되는 곳)에 아치 세우고, 파출소 옆 돌산 벽에도 'I LOVE WONGOK' 만들고. | 해설사 배치.<br>지역 스토리텔링.<br>박물관.<br>지역 디자인. | 콘텐츠 제안 |
| • 다문화 음식거리라고 해설은 과장되었고, 안산역 환승센터 138억 정도 들어갔는데 관리 못해 다 무너져버렸어요.<br>• 다문화특구 조성하는데 200억 들었다는데 특별히 좋아지는 것 같지는 않고, 돈 들여서 화단 만든다고 300만원인가 500만원인가 한다고. 돌 하나에 50만원인가 100만원인가. (다문화 거리)과거 10m 도로였는데, 지금같이 됐어. 보수할 수 없는 게, 위에 돌을 했기 때문에 부술 수가 없어. 탁상행정이지 돈으로 깔아도(다문화거리) 저렇게 깔았다니까. | 과장된 해설.<br>비실용적인 안산역과 다문화 거리.<br>화단, 거리 바닥 등 실패 행정. | 다문화 행정 문제 |
| • 걔네 때문에 벌어먹고 사니까 미운 놈을 미워할 수 없어요. | 이주민 동거 불가피. | 이주민과 주민 소통 |
| • (이태원은) 자기들 아이디어로 자발적으로 했기 때문에 호화찬란하게 나온 거예요. 잘 해놨어요.<br>• 우리가 그렇게 해놓으면(공간조성) 시에서 작살내요. 바로 떼라고 해요.<br>• (주민 – 이주민) 섞여야 하는데 안 되니까 누군가 끌어줘야 해요. | 주민의 자발성 중요.<br>관의 일방통행 문제.<br>소통 지도력 필요. | 자발적 주민 참여 |

| 개념근거 | 하위범주 | 상위범주 |
|---|---|---|
| • 단체들이 뭔가 조금씩은 지역을 위해서 하고는 있는데, 큰 그림이 없다보니 티가 안나요. | 관의 일방통행 문제.<br>소통 지도력 필요. | 자발적 주민 참여 |
| • (원곡동 다문화)다시 만들어야 해요.<br>• 노점상 100% 없앤다는 것보다는 균형 있고 조화롭게 만들어가지고, 노점상을 퇴출하면 안 돼요. 퇴출하면 부부로에 갈 거고.<br>• (이태원은) 원곡동과 맞지 않아요.<br>• 특구면 뭐해, 상업지역으로 만들어주던가 그래야 활성화 되는 거예요.<br>• 여기 특성이 거기(이태원)하고 안 맞어. 길 넓이도 틀려요.<br>• 질서 지키는 거 중요하고 내 · 외국인 똑같이 적용해야 해요<br>• 특구에 맞는 조례가 있어야 해요. 지역에 맞게 바꿔야 해요. | 원곡동의 재구성.<br>균형있는 노점상 정책.<br>이태원모델 아님.<br>질서유지.<br>내 · 외국인 균형 형성.<br>원곡동상업 지구화.<br>지역특성<br>반영한 조례. | 비전 및 정책<br>인프라 |
| • 여기 오래 사는 사람들 의견을 듣지 않아. 관 입장만으로 한 거야, 주민 의견 듣지 않아.<br>• 건의도 많이 했고, 동사무소 엊그제 토론회 했는데, 내가 왜 왔나 싶어. 아직까지 민의 힘으로는 관한테 대항 못해. 외국인주민센터 건의해도 안돼요. 동사무소도 안돼요. 구청 실과장한테 해도 안돼요.<br>• 관에서 한다고 해도 기자회견 하는 것처럼 각본대로 하니까 의미가 없어요.<br>• 관에서 생각만 하지 말고 여기 사는 주민 의견 반영해야 해요.<br>• 공무원이야 1년 하고 다른 데로 가면 그만이고, 민선이어서 대충 하고 가는 것 있어요.<br>• 이런 얘기해도 반영이 안 돼요. 5월 공청회에서도 좋은 얘기만 하지 나쁜 얘기 했겠어요? | 비현실적 공청회.<br>관중심 소통.<br>주민의견 전달의 벽.<br>관과 소통 무용성.<br>소통의 불신.<br>각본 의견 청취.<br>관 중심 소통 한계. | 주민과 소통 |

## 3. 안산지역 이주민 의견

### 1) 주민통합적 요소

안산지역 이주민들이 생각하는 주민통합적 요소를 구성하는 상위범주로는 '정주의식, 지역 공동체 기대, 지역사회 참여, 마을 질서' 등으로 나타났다.

이주민은 정주의식이 늘어나고 있다. 과거에는 이주민은 떠난다는 편견을 가지고 있었으나 여유가 되면 주택을 구입하고 오히려 본국에서 돈을 가져와 투자하는 추세라고 한다.

지역공동체에 대하여는 활동 공간이 부족하고 공동체 활동이 민원으로 중단된 것을 안타깝게 생각하였다. 그러나 지역에 거주하고 있는 이주민은 지역 사회에서 자체 자원봉사 활동 (쓰레기 청소, 주민자치위원회, 치안봉사회 등)을 하고 있으며, 중국 동포의 경우 지자체보다 교민회가 이주민 공동체를 더 많이 후원하고 있다고 밝혔다. 현실적으로 잘 발달된 이주민 공동체는 지역사회에 봉사를 하는 것으로 나타났으며, 이러한 공동체는 공동체가 모일 수 있는 공간 확대와 자치활동의 지원 등을 요청하였다.

이주민 밀집지역 안에서 폭력이나 기초질서와 관련한 법적 제재에 대해서는 한국의 법이 너무 무르다는 것과 오히려 법이 원칙을 잘 안 지킨다고 말한다. 치안에 대하여도 언론에 알려진 것과는 다르다는 인식을 가지고 있다.

### 2) 다문화도시 특성화 요소

이주민들이 생각하는 다문화도시 특성화 요소로서 다문화 특구는 특이점이 없다고 본다. 그러나 현실적으로 원곡동은 전국에서 모이는 이주민 중심 지역이다. 이주민들은 눈에 보이는 상징 설치, 나라별 시설, 나라별 특성화 상품, 특성화된 간판을 요구하였다.

특이점은 이주민들은 다문화 특성화 과제로 전통 한국 문화를 강조하고 한국 문화가 중요하다고 강조하였다. 다문화 특구 활성화를 통한 지역경제에 대한 견해는 전체적으로 지역경제가 침체되었다고 판단한다. 상인연합체가 필요하고 특색 있는 상품 판매가 필요함을 주문하였다. 그러나 비싼 월세, 비싼 음식과 상품 가격을 문제점으로 지적하였다.

3) 비전 및 정책적 요소

이주민의 비전 및 정책적 요소로는 '자신들을 위한 교육, 다문화 행정, 이주민 정주'로 요약 된다. 이주민들은 한국 사회에서 중국 동포와 같이 한국어 회화, 운전, 기술, 운전면허, 한국 요리 등 별도의 교육을 받고 싶어 했다. 다문화 행정에 대하여는 지역홍보 자료가 필요하고, 나라별로 특성화할 수 있는 대책을 주문하였다. 무엇보다도 이주민들이 한국 사회에 정주하려는 경향이 점차 증가하고 있는 것을 알 수 있다.

〈표 Ⅲ-3〉 안산지역 이주민 의견

| 개념근거 | 하위범주 | 상위범주 |
|---|---|---|
| • 주민들은 모르는 것 같아요. 돈 벌어서 간다고만 생각하는 것 같아요.<br>• 여기 빌라 중국 사람들이 거의 다 사버렸잖아요.<br>• 처음에는 보따리 들고 간다는 마음이 있었는데 지금은 안 그래요.<br>• 예전에는 해외로 돈을 다 보내잖아요. 그런데 지금은 오히려 다시 돈 가져와서 거주지를 사고 있어요. | 외국인은<br>떠난다는 편견.<br>주택구입.<br>오히려 돈을 가져옴. | 정주의식 |
| • 청소 자원봉사 하고 있는데, 중국에서 왔기 때문에 (더 자발적으로) 자원봉사하고 있습니다.<br>• 문제 생기면 대사관까지 연결시켜주는 역할하고 있다.<br>• 구청보다 중국교민회에서 후원해준 게 많다.<br>• 중국동포들하고 파룬궁하고 사이가 좋지 않아.<br>• 주말에 지방에서 오는 사람들 돈을 모아 자기들끼리 놀고.<br>• 공동체에서 돈을 모아 집세, 월세 냈는데.<br>• 지금은 모든 문제 생기면 공동체 통해서 대사관에 전달하는 역할하고 있음. | 마을청소.<br>활동 공간 부족.<br>공동체 활동<br>민원으로 중단.<br>자체 자원봉사 활동.<br>교민회 후원. | 자치 공동체 |
| • 한 건물에 사무 공간, 쉬는 공간, 음식 만드는 공간 있었으면.<br>• 지금은 만남의 광장에서 춤을 못 추게 하니 춤출 장소가 없어. 춤출 때 노래 틀어 시끄럽다는 민원. | 공간 부족.<br>자치활동 보장. | 공동체 기대 |
| • 동네 주민이고 조금이라도 도움이 된다고 생각하니까 활동하고 있는 거예요. 주민자치위원이고요.<br>• 치안봉사단은 필리핀 태국 베트남 러시아 등 국적 다양한 여성들 20여명으로 되어 있어요.<br>• 한국문화 잘 모르는 사람들한테 알리는 역할도 하고 있어요.<br>• 다른 건 다 떠나서 주민으로서 제가 할 도리인데. | 주민자치위 활동.<br>치안봉사단 활동.<br>한국문화 알리미. | 지역사회 참여 |

| 개념근거 | 하위범주 | 상위범주 |
|---|---|---|
| • 주민자치위원으로 각 나라 사람들을 한명씩 대표해서 뽑았으면 좋겠어요. | | 지역사회 참여 |
| • 언론 상에 칼부림 난다고 하는데 그렇지 않아요. 예전보다 좋아진 것 같아요.<br>• 외국인에 대한 편견은 있는 것 같아요.<br>• 한국법이 약하다는 거 전 외국인들이 알 거예요. 한국법을 무시하는거지. | 편견.<br>약한 법적용. | 마을 질서 |
| • 다문화특구 지정 이전과 이후 크게 달라진 것은 별로 없는 것 같아요.<br>• 특구 전이나 이후나 큰 차이는 없다.<br>• (전국에서) 인도네시아인들 많이 올라오는데 여기는(원곡동) 본사라고 생각하면 됨.<br>• 각 나라에 맞는 시설이 있으면 좋겠어요. 그런데 우리는 시청에서 간판 다 떼어버리잖아요. 규격 맞게, 똑같게 하잖아요. 오히려 중국간판들이 시뻘겋게 여기저기 눈에 띌 뿐이지 다문화라는 게 없잖아요.<br>• 그분들한테 하게 만들면 그 문화에 맞게 만들잖아요. 그러면 모양새가 나잖아요.<br>• 눈에 띄는 뭔가가 있어야 하는데 그런 게 없잖아요.<br>• 관광활성화 한다고 하는데 전혀 이런 부분이 안 되어 있어요. 차라리 자기 나라 특색을 만들게 하면 좋겠어요.<br>• 대한민국 문화를 빼면 안돼요. 자기 나라 문화만 보러 온건 아니고 대한민국도 보고 중국도 보려고 왔을텐데. | 특구 특이점 부재.<br>전국에서 모이는 이주민.<br>나라별 시설.<br>특성화 된 간판.<br>눈에 보이는 상징 설치.<br>국가별 특성화.<br>전통 한국 문화 강조. | 다문화 특성화 |
| • 상인들은 예전이나 지금이나 장사는 안 된다고 그래요.<br>• 상인들을 우선으로 합심해서 단체를 만들어주면 좀 더 자기나라 사람들한테 도움이 되지 않겠나.<br>• 월세가 너무 비싸요.<br>• 상인들이 단합이 되어야 해요.<br>• 여기가 왜 특색이 없냐하면 여기 상가들이 한국 물건을 파는 거예요. 특색이 있으면 자기 나라 물건을 판다고요. 자기 나라 물건을 팔아야 관광문화가 되는 거예요.<br>• 마음에 들지만 비싸다. | 지역경제 침체.<br>상인 연합체 필요.<br>비싼 월세.<br>특색 있는 상품 판매.<br>비싼 가격. | 지역 경제 |
| • (이주노동자) 한국어 읽고 쓰는 공부는 가르치는데 회화 공부 가르치지 않는다. 한국어를 배울 수 있는 기회가 많으면 좋겠다. | 한국어 회화.<br>운전. | 이주민 교육 |

| 개념근거 | 하위범주 | 상위범주 |
|---|---|---|
| • 혼자 있다보니 한국어 공부 못하고 있다.<br>• 운전을 배우고 싶다. 기술을 배우고 싶어. 운전면허 따고 싶다.<br>• 한국 생활문화 알고 싶어요. 한국 요리를 배우고 싶어요. | 기술.<br>운전면허증.<br>한국 요리. | 이주민 교육 |
| • 전단지를 하나 줘서 본인들이 살면서 필요한 거니까 가까운 어디에서 하라고 하면 좋겠다고 하는 게 있었으면 좋겠어요.<br>• 중국은 뭐가 뭐가 네팔은 뭐가 뭐가 필리핀은 뭐가… 이런 대화가 많이 이뤄졌으면 좋겠어요. | 지역홍보 자료.<br>국가별 특성화 전략. | 다문화 행정 |
| • 한국에 오래 살고 싶다. | 이주민 정주의식. | 이주민 정주 |

## 4. 안산지역 전문가

### 1) 주민통합적 요소

안산지역 전문가들은 주민통합적 요소로 지역 공동체성의 문제를 우선 제기하였다. 원곡동 지역공동체에 대하여 전문가들은 관주도의 다문화 정책으로 인해 '깨어진 공동체'로 표현한다. 특히 이 지역의 한국인을 포함한 거주자를 주체가 아닌 객체화시킴으로서 스스로 소외되어 살기 불편한 안산이 되었다고 말한다.

원곡동은 '그들만' 사는 동네로 인식된다. 예의없는 이주민, 쓰레기문제, 비위생적 음식문제 등이 인상을 찌푸리게 한다. 그렇다 보니 일반 시민은 원곡동에 대하여 관심이 상대적으로 적다. 한국인도 살기 편안하도록 질서교육, 위생교육 등이 지속적으로 필요하며 지역 공동체는 관주도가 아닌 지역 주민이 스스로 주체가 되어야 할 것과 마을 만들기의 활성화를 통해 지역공동체를 형성해 나갈 것을 주문하였다.

### 2) 다문화도시 특성화 요소

안산지역 전문가들의 다문화도시 특성화 요소와 관련된 의견으로는 '원곡동 특성화, 문화 다양성, 지역 경제 활성화'로 요약된다. 안산시에서 내걸고 있는 '국제도시'라는 개념이 추상적이라고 지적하면서 구체화할 것을 주문하였다. 원곡동에 한국인 유치 전략이 필요하고, 저렴한 이미지를 탈피할 필요가 있으며, 국가별 특성 주간의 설치, 다문화 영화제, 국제음식 축제, 다문화박물관, 그리고 지역 아젠다 지표 개발을 요청하였다.

특히 이주민 공연 단체의 전문성을 특화시킬 것을 주문하였다. 전문가들은 안산시의 문화 다양성을 위하여 안산시민 전체가 다문화성을 공유할 수 있도록 주문하고 있다. 이를 위해 안산을 넘어 안산 인근 지역과도 연계할 것과, 안산시가 일회성 행사를 지양하고 지속성 있는 행사나 계절별 특성화 사업을 지원할 것을 강조하였다.

전문가들은 안산의 다문화는 지역경제와 연계됨이 중요하다고 보았다. 다문화 정책이 일자리와 연계되고, 한국인 소비자를 원곡동으로 유인할 수 있도록 한국인 소비자를 위한 외국 특산품 판매 등을 주문하였다. 안산시의 다문화 행정은 전문가를 배제하지 말고, 관의 개입을 자제하고, 스스로 권력화 되는 것을 경계하고 협력 체제로 나갈 것을 요구하였다.

3) 비전 및 정책적 요소

안산지역 전문가들은 비전 및 정책적 요소에 대하여 '사람 중심 다문화, 살고 싶은 다문화'를 통하여 '미래 안산 제시와 거대한 스토리'가 필요하다고 하였다. 이를 위해 원주민 공동체가 중요하며 마을과 역사 만들기, 정주와 이주의 조화로운 콘텐츠, 이주민과 함께하는 체험 공간, 외국관광객 유치 등을 제시하였다.

이태원 모델은 안산시에 적합하지 않는 것으로 진단하였다. 다문화도시 안산의 클러스터 정책이 살아나기 위해서는 주체적인 지역 공동체가 필요하다는데 공감하였다. 전문가 집단이 주도성을 가지되 민관 협력기구 활성화를 통해 다양한 소통의 장을 마련하고, 지역 아젠다 설정을 통해 다문화도시 클러스터 흐름을 만드는 기획과 동시에 사회적경제와 결합해야 할 것을 주문하였다.

〈표 Ⅲ-4〉 안산지역 전문가 의견

| 개념근거 | 하위범주 | 상위범주 |
|---|---|---|
| • (원곡동)공동체 깨진 것은 역사적으로 유명한 사건이 되어 버림.<br>• 원곡동 하면 외국인들만, 그들만 사는 동네라고 생각해요. 우리가 갈 곳은 아니라고 생각하죠.<br>• 조선족은 예의가 없고 그런 것 같아요. 쓰레기들 함부로 버리고 우리도 잘 못살지만 그분들은 개념이 없더라구요.<br>• 결혼이주여성들은 물건을 사고 파는 거에 대한 개념이 없더라고요.<br>• 손을 안씻고… 위생적으로 문제가 있어요. 음식점을 하게 되면 위생 교육 시켜야 해요. | 깨어진 공동체.<br>거주자 객체화로 소외.<br>살기 불편한 안산.<br>마을만들기로 활성화. | 공동체성 문제 |

| 개념근거 | 하위범주 | 상위범주 |
|---|---|---|
| • 객체화되는 한 모두가 모두에게서 소외가 발생하죠. 관에서도 소외시키는 것이고, 자신들도 소외되는거죠.<br>• 한국인들도 '이주민'으로 안산다, 안산다 하면서 사는 곳이 안산이라고 하는데 외국인들한테는 오죽하겠냐.<br>• 외국인집주지의 사례만 볼 것이 아니라 마을 만들기 사례 보는 것 필요해요. 건강한 도시공동체 봐야 하죠. | | 공동체성 문제 |
| • 국제도시가 너무 추상적이다.<br>• '다문화국제도시'라는 이름 자체가 밀어내는 느낌 있다.<br>• 이태원은 이것과 다르다.<br>• 한국 사람이 많이 와야 지역경제 활성화된다. 한국 사람이 올 때 무엇에 끌릴까? 장애가 되는 요인은 뭘까?<br>• 일단 이 사람들이 돈이 없으니까 허접하게 만들어놓는 것 같아요.<br>• 콘텐츠는 우리가 바꿔야 해요. 가고 싶고, 음식에 대한 안전함을 느끼는 등 그런 요인이 있어야 합니다.<br>• 가리봉동의 아류가 되도록 하는 게 아닌 특성에 맞는 것으로 만드는 방법 찾아줘야 해요.<br>• LA같은 곳 가면 한국주간, 인도주간 등 있듯이 그런 식으로 엮어보는 방안은…<br>• 지역 아젠다 설정하고 지표 달성 계획 어떻게 가질 것인지 논의 필요합니다.<br>• 안산에 다문화영화제가 있어요. 그쪽에서 하려고 했는데 못했어요. 먹거리 축제 같은 것도 같이 하면 좋잖아요.<br>• 다문화박물관도 필요해요. 그것도 문화교류예요. | 국제도시 추상적.<br>한국인 유치전략.<br>국가별 특성주간.<br>지역 아젠다 지표 개발. | 다문화 특성화 |
| • 우리끼리 아닌 안산 시민 전체의 참여 필요해요.<br>• 사계절의 변화를 보고, 장소를 넓혀 원곡동 다문화거리만이 아닌, 시화호나 대부도에서도 해야 합니다.<br>• 1년 내내, 푸닥거리하듯 하는 행사가 아닌 지속적으로 이어지는 행사가 필요합니다.<br>• (문화예술단체) 틀에 박힌 활동 말고 안산의 문화를 끌고 나가보자는 얘기들이 있었어요. 그래서 그 시도가 이번 축제였는데 성황리에 끝났어요.<br>• (안산) 시민들도 왜 진작 안 불러줬냐, 감동받았다는 얘기도 해요. 그들 문화도 접하고, 우리 문화는 찰지고 기름진 문화를 보여줬어요.<br>• 인도네시아 탈춤 보면서 우리 탈춤은 잽도 안 된다는 생각이 드는 거예요. | 안산 전체의다문화.<br>계절별 특성화.<br>안산 인근 연계.<br>일회성 행사 지양.<br>지속성 있는 행사. | 문화 다양성 |

| 개념근거 | 하위범주 | 상위범주 |
|---|---|---|
| • 경제를 떠난 문화는 지속적이지 않고 오랫동안 유지되지 않기에 무시할 수 없습니다.<br>• 경제도시 안산은 청년 일자리 만들어야 해요.<br>• 안산이 갖고 있는 다른 장점을 연계해야 한다고.<br>• 이 지역에 맞는 이주노동자들 들어올 수 있게 해야 하는데, 이곳에 기거할 수 있고 산뜻한 지역이 될 수 있다는 가능성 보여야 해요.<br>• 한국 사람들 대상으로 장사할 수 있는 방안 마련되어야 합니다.<br>• 외국에 나가지 않아도 그 나라 문화 느낄 수 있게 하는 방안 마련해야 하고, 스리랑카 기념품 같이 여기 있던 사람이 본국으로 돌아가서 이곳으로 물건 보내어 판매할 수 있잖아요. | 지역경제 중요.<br>일자리와 연계.<br>한국인 소비자 유인.<br>외국특산품 판매. | 지역 경제 |
| • 전문가를 배제시키면 안돼죠.<br>• 21세기에 시민들이 잘 하게 해서 공무원들이 인정받아야죠. 왜 자기들이 권력 잡고 있냐고요.<br>• 근데 공무원들 바뀌면 처음부터 다시 얘기해야 해요. 그래서 관에서 주도하면 안 된다구요. 시민들한테 맡기면 이어져요. 관주도가 아니라 시민들이 잘 할 수 있도록 밀어줘야 한다고 생각해요. 뺏어 가는 게 아니라.<br>• 여기는 시에서 보조 하는 게 아니라 관에서 가져가버리잖아요.<br>• 문화예술은 관주도형은 이루어질 수가 없어요. 자발적으로 같이 어우러져서 해야 해요.<br>• 이태원은 관 개입없어 스스로 잘했어요.<br>• 주민자치를 만들어놨는데 관치로 돌아섰어요.<br>• 시민들 의식도 문제예요. 자치를 못하니까 관치로 다시 가버린거예요. | | 다문화 행정 |
| • 도시경쟁력 확대인데 도시가 '누구'냐? 그거면 다 되는 것 아닌가요? 방향의 문제이지 사업검토의 문제 아니라고 봅니다.<br>• 어설픈 국제도시는 죽도 밥도 안되는 것이고 안산 주민들이 내가 살고 싶은 도시, 계속 있고 싶은 도시가 어떻게 만나느냐가 중요합니다.<br>• 정주보다는 정류장 같은 성격을 계획부터 있었다고 하는 도시라면, 정류장을 도시의 컨셉으로 만드는 것은 어떨까?<br>• 터미널 주변은 맛집이 아니라 가벼운 식사를 하게 되듯, 안산이라는 도시는 가볍게, 하지만 있는 동안만큼은 편하게 있을 수 있는 곳은 어떨까?<br>• 주말 이외의 시간을 한국인의 체험센터로 만드는 것은 위험한 발상이라고 생각해요.<br>• 체험공간이 된다고 한다면… 사람들이 모일 때 체험하는 공간이 되어야죠. | 사람중심 다문화.<br>살고 싶은 다문화.<br>정주와 이주의<br>조화 콘텐츠.<br>이주민과 함께<br>체험공간.<br>이태원 모델 아님.<br>원주민 공동체 중요.<br>미래 안산 제시.<br>거대한 스토리 필요.<br>마을과 역사 만들기.<br>외국관광객 유치. | 비전 및<br>정책 인프라 |

| 개념근거 | 하위범주 | 상위범주 |
|---|---|---|
| • (이태원은) 정책으로 만들어진 것이 아니라 정책이 손을 대지 못하는 인구가 대부분으로 치외법권 지역이었기 때문에 만들어진 곳이고 안산시에서는 감당할 수 없어요.<br>• (이태원은) 잉여인구+떠돌이인구 + 치외법권지대 + 미군이 빠져나가는 지역 등 몇 가지 조건이 맞아떨어져서 형성된 곳.<br>• 원주민의 지역공동체의 뿌리와 건강성이 출발이자 귀결점이고 손님은 올라탈 뿐이라고 생각.<br>• 국제문화 추진이 아니라 역사 만들기임.<br>• 마을 만들기의 출발은 역사 만들기, 기억 만들기.<br>• 성공한 사례 보면 주인의식이 발현가능하게 역사를 만드는 것.<br>• 사고 싶은 것 있고, 체류하는 시간이 길어야 함. 외국 관광객도 찾아올 수 있는 곳으로 발전.<br>• 거대한 스토리가 있어야 합니다. 더 나은 미래, 앞으로의 모습까지 보여주는 안산. | | 비전 및<br>정책 인프라 |
| • 하루를 살아도 주인의식이 있는 곳이 있고 10년을 살아도 떠돌이 의식으로 사는 곳이 있는 마인드 차이.<br>• 한국인들의 지역공동체가 강하지 않으면… 외국인공동체는 손님이기 때문에 거기에 얹는 거지.<br>• 한국인들의 건강한 지역공동체를 만드는 것 중요.<br>• 군자초등학교 동문 어르신들의 주인의식과 임파워먼트가 중요.<br>• 공공이 다 할 수 없고, 민간이 할 수도 없으나 민간이 적극적으로 참여할 수 있게 만들어줘야 함.<br>• 자연발생적인 것도 좋지만, 흐름을 갖고 방향을 갖고 가는 것 필요.<br>• 민관협력 기구들 활용하는 방식 택해야 하고 전문 집단이 주도성을 갖게 하여, 아젠다 설정해서 간담회, 토론회, 축제하게 하는 것 필요.<br>• 마을기업, 마을만들기, 사회적경제와 결합되어 융합의 형태 보여줄 필요 있음.<br>• 젠트리피케이션이 예상되더라도 원곡동 지역의 문제를 바라보고 같이 해결하자는 틀을 만들어야 함.<br>• 원탁토론같이 아이들부터 해서 다양한 의견 내고 주도적으로 나서는 정치인과 리더들이 중요. | 강한 지역 공동체 필요.<br>흐름 만드는 기획.<br>민관협력 기구.<br>전문가 집단 주도성.<br>지역 아젠다 설정.<br>사회적경제와 결합.<br>다양한 소통의 장 마련. | 민간의<br>주체적 참여 |

## 5. 이주민단체 활동가

### 1) 주민통합적 요소

안산의 이주민단체 활동가들은 주민통합적 요소로 '공동체성 문제, 단체 간 연대문제, 종교단체 문제'로 요약된다.

지역 공동체성 문제로는 이주민은 애향심이 부족하며, 중국화가 심화되면서 중국 이외 이주민들의 발언권이 약화되었다고 본다. 나아가 이주민 공동체 자체가 분열되었고 이주민의 원곡동 이탈현상도 지속적으로 나타나고 있음을 지적했고, 이로 인해 이주민 밀집지역으로서 원곡동 특성이 점차 상실되고 있다고 보았다. 다문화 지역 공동체 형성에 대하여 진지한 고민이 필요하고, 문화 접근형 공동체로서 상호 어울림 문화가 필요하고, 문화적 소통, 이주민 간 교류가 필요하다고 보았다. 지역 공동체 형성의 가능성은 충분하다고 판단한다.

단체 간 연대문제로는 현재 안산시에서 이주단체가 난립하고 있다는 시각을 가지고 있다. 신생 단체의 경우 이주민 문제에 무지한 상태에서 현장에 투입되고 있으며, 단체 간 중복 사업이 증가하고 있고, 안산시로부터의 위탁 사업이 민간단체 간 분쟁으로 확대되었으며, 단체 간 연대가 부족하다고 보았다. 이주민 단체의 상당부분을 차지하고 있는 종교단체들의 지나친 포교 활동에 대한 문제도 지적하고 있다. 이는 자기중심적 대형교회의 행태와 타종교 수용성 부족이 이주민들이 종교 단체들을 회피하고 있는 이유라고 보았다.

### 2) 다문화도시 특성화 요소

안산의 이주민단체 활동가들은 다문화도시 특성화 요소로 '다문화 특성화, 문화다양성, 공간배열, 지역경제'의 측면으로 요약된다.

다문화 특성화에 대하여는 이주민들의 처우개선과 문화적 접근을 주문하였다. 문화적으로는 안산의 상징성을 발굴하고, 이주민 맞춤형 지원, 다문화 특성 의미 공간화, 원곡동 전통 문화 특성화를 주문하였다. 안산 방문자로서 외부인을 위한 다문화 체험 교육, 프리마켓, 기념품 상점, 안내데스크 등의 필요성과 함께 이주민 밀집지역에서 주민과 어울리는 것의 중요성을 강조하였다.

문화다양성 측면에서는 비슷한 이주민 문화 공연의 반복을 지양할 것을 주문하였다. 특히 이주민의 생활문화, 놀이문화가 문화공연에 녹아들게 하는 측면에 대한 고려가 있어야 한다고 보았다. 문화 다양성을 위하여 한국인 문화예술 단체 참여가 중요하나, 이들 단체의 예산부족 보완의 필요성을 제기하였다.

문화적 소통을 위한 작은 공연장을 지역별로 확대하고, 취향별 문화 공간의 확대를 요청하였다. 지역경제 활성화를 위해서는 현실적으로 비싼 임대료의 문제가 해결 되어야 할 것을 제기하였다.

3) 비전 및 정책적 요소

안산의 이주민단체 활동가들은 비전 및 정책적 요소로 '안산시 행정 문제, 민간단체 사업위축, 민간단체 정책, 주체적 참여'로 요약된다.

이주민단체 활동가들은 안산시 다문화 행정문제에 대하여 매우 비판적이다. 안산시외국인주민센터는 이미 이익단체 성격을 가진 관이라고 비꼬았다. 안산시외국인주민센터가 다문화 관련 사업을 독점하고 있다고 보고 있는데, 이는 안산시가 다문화 관련 정책만 아니라 사업을 직접 시행하고 있기 때문이다. 안산시의 다문화 관련 직접 사업은 현재 민간사업의 대부분을 흡수해 버렸고, 관이 민간단체를 다문화 행정으로부터 배제시키고 있다고 보았다.

다문화 행정으로부터 배제는 민간단체 사업 위축으로 나타났다. 이주민단체 활동가들은 안산시외국인주민센터가 민간단체의 사업을 방해하고 있다고 보고 있으며, 심지어 안산시가 민간단체 지원금도 흡수해 버렸다고 본다. 그러나 이러한 문제점 해결을 위한 의견조율이 미진한 상태로 평가하였다.

이주민단체 활동가들은 안산시의 다문화 행정 중 민간단체 정책에 대하여 물적 한계가 많은 민간단체 지원을 하되 특성화된 사업의 지원을 요청하였다.

비전 및 정책적 요소 대하여는 안산시의 다문화 공동체 형성을 위한 문화 환경조성을 요청하였다. 안산시의 다문화 행정으로부터 소외된 원곡동 이외 지역으로 정책을 확대해 나갈 것을 주문하였다. 그러나 이주민에 대한 혜택이 지나치게 많다는 인상을 주지 말아야 한다고 말한다. 다문화 클러스터 형성을 위한 주체적 참여를 위해서는 민간단체의 자립성, 자율성이 확대되고, 이주민의 지역 참여와 지원의 필요성을 주문하였다.

〈표 Ⅲ-5〉 이주민단체 활동가 의견

| 개념근거 | 하위범주 | 상위범주 |
|---|---|---|
| • 예전에는 정겹고 특이한 것들이 있었다.<br>• 국적도 없고, 잠시 왔다 가는 사람들이 잠시 거처하는 곳이 원곡동이다.<br>• 그만큼 애착이 없고 쓰레기 문제도 크다.<br>• 이 지역이 중국인 점령으로 죽어가고 있다. 다른 나라 사람들 발언권이나 활동 공간이 줄어들고 있다. 몽골인들은 정왕동으로 많이 이주했다.<br>• (원곡동의 한국인) 떠나는 사람이 대부분이다. 많은 분들이 떠나고 있다.<br>• 피부로 느껴지는 비율은 외국인:한국인이 8:2 정도다.<br>• 공동체들이 여기(민간단체) 붙고, 저기(안산시) 붙는 폐해가 있다.<br>• 특정 집단 커뮤니티 지원은 어디에서 접근을 할 것인가 문화적 차이에서 오는 오해도 있었지요.<br>• 언어가 통하면 문화도 안다고 생각하고 만나다보니 (문화적) 갈등이 있는 것 같아요.<br>• 어울리면서 문화를 접하고 경험하는 것들이 중요한 것 같아요.<br>• 문화적인 부분 소통하는 사업 많이 하고 있고, 필요해요.<br>• (이주민 간) 교류가 별로 없다고 봐야 해요.<br>• (이주민) 오래 있다 보니 서로 연결되는 건 있다. 자기네들도 자료 같은게 다 있어 (이주민단체) 찾아오기도 한다. | 원곡동 특성 상실.<br>비거주자 애향심 부재.<br>원곡동 이탈현상.<br>중국화 문제.<br>중국이외이주민<br>발언권약화.<br>공동체 자체 분열.<br>공동체 형성 고민.<br>문화접근형 공동체.<br>상호 어울림 문화 필요.<br>문화적 소통.<br>이주민 간 교류 필요.<br>공동체 형성 가능성. | 공동체성 문제 |
| • 기존 단체들 활동하고 있는데 새롭게 또 들어와서 뭘 하겠다는 건지.<br>• (이주민) 전혀 모르는 사람들이 단체를 만들어서 활동하는 거 보면 안타깝죠.<br>• 각자 역할들이 중복되는 것에 있어 불편한 부분 풀어갈 수 있어야 하는데 지금은 미흡한 것 같다.<br>• (위탁) 들어가려고 준비하는 곳들이 많은 것 같은데, 지금 우리는 대응을 안 하고 있어요.<br>• 기존에 하고 있는 단체들도 있는데, 힘을 합쳐야 하는데 연합도 안되고 그게 안돼서 안타깝다. 단체들끼리 모여 의견 나눠야 한다. | 이주단체 난립.<br>단체의 이주민<br>문제 무지.<br>단체 간 중복 사업.<br>위탁 둘러싼 분쟁.<br>단체 간 연대 부재. | 단체 간 연대문제 |
| • 그런데 외국인 지원하는 단체나 다문화 관련 단체는 대부분 종교단체잖아요.<br>• 주변에서 우려를 많이 하세요. 다문화 지원도 선교나 시혜 대상으로 보는 것 아닌가 해요.<br>• 대형교회들 들어와서 어떤 일을 하는지 정확히는 모르겠지만 자기 영역만 만들고 있다.<br>• 종교문제로 떨어져 나가는 사람들 많이 봤거든요. | 이주단체의 포교문제.<br>자기 중심적 대형교회.<br>종교 단체 회피.<br>타종교 수용성 필요 | 종교단체 문제 |

| 개념근거 | 하위범주 | 상위범주 |
|---|---|---|
| • 종교가 다른 이주민들은 어떻게 포용할 것인가 하는 부분들도 고민을 해야 할 것 같아요. | | 종교단체 문제 |
| • 외국인근로자 처우개선 같은 것도 현지에 있는 노동단체와도 교류가 안 되면서 외국인만 가져가는 거 안타까워요.<br>• 처우를 개선하거나 문화관련 접근을 하는 부분은 관심이 없어요.<br>• 다문화 얘기 나올 때 상징적인 곳이잖아요. 그런 것을 감안해서 정책이 이루어지면 좋겠어요.<br>• (이주민) 특징별로, 케이스별로 달라야 한다고 생각하지, 일반화될 수 없다고 생각해요.<br>• 전시관 만드는 것만으로 끝나는 게 아니라…… 주민과 어울리면서 문화를 접하고 경험하는 것들이 중요한 것 같아요.<br>• 시에서 박물관이라던가, 머물면서 이 지역을 볼 수 있는 의미 있는 공간이 되었으면 좋았을텐데 하는 아쉬움 있다.<br>• 어느 한 곳은 옛날 그 모습 그대로 보존하는 것도 재미있을 것 같다.<br>• 타 지역에서 오는 다수자를 위한 교육과 문화체험 이루어져야 한다.<br>• 예전에 했던 것 중 하나는 프리마켓, 기념품 만들 수 있는 뭔가가 없을까 고민했다.<br>• 안산역 앞에 안내데스크 만들자는 의견도 냈다. | 이주민 처우개선.<br>이주민 문화적 접근.<br>안산의 상징화.<br>맞춤형 지원.<br>주민과 어울림.<br>다문화 특성 의미 공간화.<br>원곡동 전통 문화 특성화.<br>방문자 다문화 체험 교육.<br>프리마켓.<br>기념품 상점.<br>안내데스크. | 다문화 특성화 |
| • 다문화축제하면 항상 나오는 레퍼토리다 이거죠.<br>• 보여줄꺼리가 그것밖에 없냐는 의문을 갖고 계신 분들도 있었어요. 우리네처럼 자기들 놀이꺼리 갖고 나와서 노는 거예요.<br>• 이 사람들한테 이곳이 생활권이 되었구나.<br>• 다른 예술을 접목시키면 어떨까라는 생각도 들었어요. 그분들이 시간이 좀 된다면 다른 장르, 그분들과 어울릴만한 것들을 접목시키면 어떨까 싶었어요.<br>• 얘기 나누다보니 지원받지 않으면 작업하는데 무리가 따르고 그러더라구요. 저희도 공연한번 하고 나면 타격이 커요 | | 문화 다양성 |
| • 공연 하나만 하려고 해도 여기 앞에 무대 만드느라 돈도 많이 들고 했었어요.<br>• 어울릴 수 있는 작은 무대(공간)가 한두 개 만들어지면 좋지 않겠나. 지역별로, 거주지별로 그런 게 되면 좋겠어요.<br>• 같이 어울릴 수 있는 공간도 없어요. 그냥 이 사람들이 좋아하는 취향에 맞게 공간배치도 하고…… | 작은 공연장<br>지역별 확대.<br>취향별 공간. | 공간배열 |

| 개념근거 | 하위범주 | 상위범주 |
|---|---|---|
| • (원곡동) 상가 월세는 상상을 초월하고 이 지역이 안산지역에서 상가가 제일 비싼 상황이다. | 비싼 임대료 | 지역 경제 |
| • (안산시외국인주민센터) 이익단체가 되어 버렸다. 지금은 (민간단체가 하던 사업도) 외국인주민센터에서 다 하고 있다.<br>• (외국인주민센터가) 안산지역은 (체험) 부스운영도 하고 있어서 우리가 그것도 못합니다.<br>• 자조모임도 영향력 있고 시설 좋은 곳으로 옮길 수밖에 없다보니까 한쪽으로(안산시로) 치우치는 현상 일어난다.<br>• (민간단체에서) 공동체 모임하다 외국인주민센터로 많이 갔다.<br>• 직영한다는 얘기 들었어요. 계속 시에서 직영을 한다고 그러나 봐요. 시 흐름이 그렇다고 해요. 마치 자기네 건물로 생각을 하고 있어요.<br>• 시에서 공동체를 가져가고 민간단체를 배제하는 부분이 아쉽다.<br>• 민간단체 배제하고 직접 다 챙기는 건 문제다.<br>• (안산시) 관이 들어와서 기존에 해왔던 단체와 협력이 아니라……<br>• 제 아이들보다 더 많은 혜택을 받고 있더라구요. 다문화쪽에는 그런 지원이 많아서 넘쳐나는 거예요. | 이익단체 성격의 관.<br>관의 독점 사업.<br>관의 직접 사업.<br>민간사업의 흡수.<br>민간단체 배제. | 다문화 행정 |
| • 외국인주민센터에서 무료로 해서 우리는 (사회적 기업으로) 수입창출 하지 못한다.<br>• 강사비가 시에서 나오는 게 아니고 사회적 일자리로 나오고, 우리가 사회적 기업으로 갈 수 있도록 요구했으나 외국인주민센터와 의견조율 되지 않았다. | 관의 민 방해.<br>관의 민간지원 흡수.<br>의견조율 미진. | 민간단체 정책 |
| • 외국인주민센터는 시에서 운영하니까 다양한 교육, 바리스타, 네일, 운전면허 등까지 가능하지만 민간단체는 활동 한계 있다.<br>• 시민단체들이 안정적으로 활동할 수 있게끔 지원해야 한다고 생각해요. 예산도 너무 적은 상태고요.<br>• 지원을 하는 것도 그것을 구분 짓자는 것이 아니라 특성을 살리고……<br>• 그들만의 공동체를 유지하고 살 수 있게 하는 것도 국내에서 조기정착하고 사회통합을 이루는 하나의 길이기도 하다고 생각해요 | 민간단체의 물적 한계.<br>민간단체 지원.<br>특성화된 지원. | 민간단체 정책 |
| • 외국인주민센터가 들어오기 전에는 연계가 잘 되었는데, (민간단체의) 많은 활동을 가져가다보니……<br>• 다문화특구 되면서 간판만 바꿔주는 정도이고, 특구는 음식점에서 주방장을 데리고 올 수 있다. | 안산시 행정 비판.<br>특구 실효성.<br>공무원의 한계.<br>공무원 비적극성. | 민관 거버넌스 |

| 개념근거 | 하위범주 | 상위범주 |
|---|---|---|
| • 공무원이 교육 콘텐츠 개발 어려우니 저런 식으로 만들어지는 게 맞나 하는 생각이 드는 거죠.<br>• 문제만 안 만들면 되는 걸로 추진하고 있어요. 별로 기대가 안돼요. 골 때리게 나올 것 같아서 아무런 말도 안하고 있어요. | 관에 대한 낮은 기대감.<br>대화 단절. | 민관 거버넌스 |
| • 거주환경뿐만 아니라 문화적 환경도 조성을 해야 한다고 생각해요.<br>• 선부동이나 와동 등에 외국인 더 많다. 원곡본동은 주말에 모여드는 것 뿐이다.<br>• 외국인 많은 다른 곳도 외국인주민센터가 챙겨야 한다. | 문화 환경 조성.<br>원곡동 이외 지역<br>정책 확대. | 비전공유 |
| • 관에서 지원받는 것에 대해 거부감이 있었어요.<br>• 위탁때문에 다른 일들이 제한되거나 자유롭지 못하다면……<br>• 중국동포 어르신은 원곡동에서 자원봉사라도 하려고 한다.<br>• 지역에 연계를 가지고 활동을 하려고 한다. | 민간단체의 자립성.<br>자율성.<br>이주민 지역 참여. | 주체적 참여 |

## 6. 안산시 시의원 및 공무원

### 1) 주민통합적 요소

안산시 공무원은 주민통합적 요소에 대하여 '공동체성 문제, 기초질서, 행정의 문제'를 제기하였다.

안산시 공무원들은 원곡동 내 지역공동체 형성에 스스로 한계가 있다고 진단하였다. 한국인 역차별이 심하다는 비판도 알고 있으며, 한국인과 이주민의 상생시책을 위하여 민과의 협력이 필요하고, 중국 중심보다는 동남아시아와 어울리는 차별화를 강조하였다.

공무원들은 원곡동 지역의 무질서에 대하여는 기초질서교육이 필요하다고 하였다. 안산시 공무원들은 다문화 정책과 행정에 공무원 중심으로는 한계가 있으며, 전문가와 이주민 당사자가 시정에 참여하는 기회를 넓히고, 이주민에 대한 과도한 지원과 중복•반복 사업을 중단하고 거시적 그림을 그려 나갈 필요가 있다고 보았다.

2) 다문화도시 특성화 요소

안산시 공무원들은 다문화도시 특성화 요소로 '원곡동 특성화, 문화 다양성, 지역 경제, 공간 정비 문제'를 제기하였다.

또한 원곡동 특성화를 위해서는 백화점식 사업이 아닌 특성화된 사업과 지역의 먹거리 특성화를 추진하고, 시 차원의 행사를 줄여나가고 지역 다문화 축제를 시민의 축제로 전환할 필요가 있다고 하였다. 다문화 특구라는 행정적인 명칭보다는 지역특성에 맞는 명칭으로 정리하는 것이 좋겠다는 의견도 제기하였다.

문화 다양성에 대하여 공무원들은 안산 지역의 문화자원을 활성화하여 다양한 볼거리로 다시 오고 싶은 지역으로 조성하고 한국 관광객을 유치하되, 중국 중심에서 탈피하고 특색 있는 다문화를 체험 할 수 있는 국제다문화센터의 설치를 주문하였다.

또한 원곡동 지역경제 활성화를 위해 원주민 상권을 보호하고 한국인 유입의 필요성을 제기하였다. 안산시 공무원들은 '갈 곳 없는 원곡동, 빼곡한 공간, 휴식 공간 부족' 등의 문제를 제기하면서, 원곡동의 하드웨어적인 공간 정비에 대한 필요성이 있다고 보았다.  안산시 행정 결정임에도 불구하고 원곡공원 조성은 실패하였으며 원곡동 특정지역에 이주민이 밀집되는 것에 문제가 있다고 보았다. 여유 공간을 위하여 부부로의 이용과 활성화를 주문하였고, 원곡본동주민센터의 기능 조정이 필요하다고 보았다.

3) 비전 및 정책적 요소

안산시 공무원들은 비전 및 정책적 요소에 대하여 '안산시와 주민의 소통, 주체적 참여, 비전 및 정책 인프라, 외국인주민센터와 원곡본동사무소의 소통 문제'를 제기하였다.

안산시 공무원들은 안산시의 다문화 클러스터 정책이 활성화되기 위해서 관주도의 다문화 정책의 한계를 지적하였다. 비효율적 관 중심의 축제도 문제이지만 민간 지원 예산에 한계가 있다고 보았다. 거버넌스 구축에 한계가 있으나 여전히 거버넌스 구축이 중요하며 신규 위원의 참여를 위해 각종 위원회 재편이 필요하고 수탁기관이 준관료화 되고 있는 문제를 제기하였다.

나아가 안산시 공무원들은 다문화도시 클러스터를 위해 주민 자발성과 시민운동이 중요하다고 보았다. 마을 만들기 형식 또는 시민단체에 특정 지역을 담당케 함으로써 지역 다문화의 기폭제 형성의 중요성도 주문하였다.

안산시 다문화 정책의 비전 확장을 위하여 안산시 공무원들은 안산시의 다문화 행정이 외국인주민센터 중심, 원곡동 중심 정책에 한계가 있다고 보았다. 안산 전체의 다문화 정책이 중요하나 지역 다문화로서 이태원 모델이 안산 실정에 맞지 않으며 이주민 밀집지역에 대한 정부지원이 필요하다고 보았다.

나아가 공무원들은 원곡동 지역에서 외국인주민센터와 원곡본동사무소의 관과 관의 협력이 필요하며, 관끼리 다문화 정책과 사업에 따른 역할 분담과 주민자치센터 사업이 이주민에게 개방되어야 할 것을 강조하였다.

〈표 Ⅲ-6〉 안산시 시의원 및 공무원 의견

| 개념근거 | 하위범주 | 상위범주 |
|---|---|---|
| • 민간에서 사회공헌사업 많이 들어와야 함.<br>• 중국 사람들 언성 높고 거칠고 숫자 많음.<br>• 옛날엔 중국사람들 있는 곳에 동남아시아인들 같이 공존했는데 지금은 그냥 밀려남.<br>• 한국인한테 못하는 것 외국인한테 혜택주는 것 많음.<br>• 일반인들이 말하는 역차별이 심하지 않나는 생각함.<br>• 이곳이 발전하려면 기존에 있던 원주민들이 소외감 느끼면 안 되고 터를 유지하고 같이 상생해야 함.<br>• 중국 사람들 재력으로 그런 사람들(원주민) 몰아내면 상권이 발전될 수 있을 것 같지는 않음.<br>• 전체를 뜯어고치기 어려우니 점진적으로 외국인과 내국인이 상생하는 시책 가져가야 함. | 다문화공동체 형성 한계.<br>민과의 협력 필요.<br>동남아가 밀림.<br>한국인 역차별 심함.<br>상생 시책 필요. | 공동체성 문제 |
| • 시민의식 강화해야 하며 침 뱉지 말고 쓰레기 안 버리기 등 기초질서교육 필요함. | 기초질서 교육. | 기초질서 |
| • 현재 조직도 100% 공무원인데, 일반적인 공무원 아닌, 외국인 이주민이나 전문가가 계약직으로 들어올 수 있는 시스템 필요. | 전문가와 당사자의 시정 참여. | 행정 문제 |

| 개념근거 | 하위범주 | 상위범주 |
|---|---|---|
| • 전반적으로 다문화정책의 문제가 부분 정책으로만 접근하고 큰 변화의 트렌드는 못보고 있음.<br>• 살려고 오는 사람들 아니고 돈 벌러 오는 사람들한테 너무 과하게 지원 되는 것 아닌가라는 생각 많이 해보았음.<br>• 안산시 다문화 사업이 중복적, 반복적인 일 많음 | 거시적 그림 필요.<br>이주민 과한 지원.<br>중복, 반복사업. | 행정 문제 |
| • 세계의 날 행사하고 가을에 어울림마당 하는데 제 생각에는 줄이려고 함.<br>• (안산시) 백화점같이 하는 것 말고 특성화되는 곳에 저희가 힘을 실어주는 모양이 가장 적합함.<br>• 오래가는 축제는 시민이 만드는 축제여야 하며 참여하도록 관에서 유도해주면 된다고 봄.<br>• 다문화특구와 국경없는마을 중복 되는 거 아닌가? 하나로 통일되게 브랜드 갖는 것이 중요한데 다문화특구는 행정적 이름임.<br>• 원곡본동 지역 상권은 다문화거리를 중심으로 먹거리가 특성화되었으면 좋겠음. | 시차원 행사 줄이기.<br>백화점방식 아닌 특성화.<br>시민축제로 전환.<br>지역특성 명칭 정리.<br>먹거리 특성화. | 다문화 특성화 |
| • 중국사람들이 동남아시아인들에 대해 배려해야 한다는 게 전파되어야 함.<br>• 볼 것 많고 한국관광객 많이 온다면, 사람들 어울리며 공연 같은 것도 볼 수 있도록 하면 좋음.<br>• 문화의 거리 볼거리가 많아야 함.<br>• 살아날 수 있는 문화적 다양성을 자원화할 수 있는 방안 마련 필요함.<br>• 다문화특구는 한번 느끼고 갈 정도지, 두 번 올만한 곳은 아님.<br>• (국제다문화센터) 문화를 한눈에 볼 수 있게 특색 있게 잘 꾸몄으면 좋겠음. | 중국중심 탈피.<br>한국인 방문자 유치.<br>다양한 볼거리.<br>문화자원화 방안.<br>다시 오고 싶은 곳 조성.<br>특색있는 문화센터 설치. | 문화다양성 |
| • 기존 한국사람 장사 안되고 차츰 상권이 넘어가고 있음.<br>• 같이 살려면 지역상권 살아야 함.<br>• 외부에서 많은 사람이 유입되어야 함. | 원주민 상권보호.<br>한국인 유입필요. | 지역 경제 |
| • 원곡동에 사람들 갈 곳이 없음.<br>• 원곡본동 지역이 건물 빼면 공간이 없음. 물리적으로는 개발이 어려움.<br>• 원곡공원이 작년에 40억 들여 리모델링했으나 기존의 좋은 나무 없애고 그늘도 없어져 환경 나빠졌다고 하는 사람도 많음.<br>• (원곡공원) 올라가 봐도 그늘도 없고 휴식공간도 없고 공원처럼 보이지는 않음. | 갈 곳 없는 원곡동.<br>빼곡한 공간.<br>휴식 공간 부족. | 공간 정비 |

| 개념근거 | 하위범주 | 상위범주 |
|---|---|---|
| • 주말에 다녀보면 일정 공간에만 밀집되어 있고, 부부로를 굴곡 형태로 만들어 나무와 벤치 등 사람들 쉴 수 있는 공간으로 만들고 싶음.<br>• 충원탑을 옮길 수 있을 것 같으나 반다문화정서 때문에 접근을 못하고 있음.<br>• (부부로) 도시가스 정압기 있어 땅을 건들 수 없고, 도시가스 탱크가 있어 땅을 못 파는 상태임.<br>• (부부로) 주차장은 가변적으로 모란시장처럼 평일에는 주차장, 주일에는 장터 등으로 활용할 수도 있을 것 같음.<br>• 주민들은 부부로를 살려달라고 함.<br>• 신길동은 지리적 정서적으로 차별되고, 신길동 지역 분동요구 있음.<br>• 신길파출소 주변에 우선 주민을 위한 문화센터 만들어 분동 이전에 기능 수행.<br>• (원곡본동주민센터) 14개 프로그램 하고 있는데 프로그램 참여자가 신길동 분들, 누리는 사람은 신길동 분들이지 이쪽 주민은 별로 오지 않음. | 원곡공원 조성 실패.<br>특정지역 밀집문제.<br>부부로 이용 활성화.<br>원곡본동 기능 조정. | 공간 정비 |
| • 관에서 끌고 나가면 실패하는 것 잘 알고 있음. 축제도 비효율적이라는 거 알고 있음.<br>• 민간지원 늘려야 하는 것은 공감하나, 민간단체 사업들이 대동소이하다는 것.<br>• 지금 중요한 것은 민간의 관심과 지원이 예전만큼 못함.<br>• 행정기관에서 민간과 거버넌스가 잘 되어 더 변화될 이주사회에 대처해야 함.<br>• 기존 위원들 있는데, 인적으로 모두 정리하고 출발하는 것 잘 안 되고 있으며 재편성하는 문제 고민.<br>• (기존 조직) 들어올 곳이 없고 현실성 있게 반영되어야 함.<br>• 다문화가족지원센터가 거버넌스와 민관협력이 아닌 대행기관이 되어 준관료화되었고 지역의 거버넌스와 협의체 역할 없음.<br>• 거버넌스 관계없이 법무부에서 일방적으로 예산 풀고 있음. 그렇다 보니 지역협의체 안통하고 있음 | 관주도 한계.<br>비효율적 관의 축제.<br>민간 지원 예산 한계.<br>거버넌스 구축.<br>각종 위원회 재편.<br>수탁기관의 준 관료화.<br>거버넌스 구축 한계. | 다문화 행정 |
| • 간판이 아름다운 거리 해봤지만 일방적으로 끌고 갔다고 되는 것이 아님.<br>• 주민들 자발성 필요. 시민운동으로 일어나야 하고 주민 참여형 운동으로 일어나야 함.<br>• 마을 만들기 사업 같은 걸로 해서 이태원처럼 시민들이 자발적으로 해야 함.<br>• 시민운동 차원에서 마을 한 부분을 개선한다던가 하는 기폭제 필요. | 주민 자발성.<br>시민운동 중요.<br>마을만들기 형식.<br>시민단체 특정 지역 담당 기폭제. | 주체적 참여 |

| 개념근거 | 하위범주 | 상위범주 |
| --- | --- | --- |
| • (이태원) 시장님과 주민들과 같이 갔는데 주민들 반응이 없음.<br>• 국가지원 전혀 없고, 지자체에서 알아서 하라는 입장은 아니라고 봄.<br>• 지방이 이주민사회의 정책 주체가 못되고 행정의 수요만 감당해야 하는 것은 잘못.<br>• 외국인주민센터가 원곡동만 보면 안 됨. 약 50%정도 원곡본동에 살고, 나머지 50% 외국인은 어떻게 하나? 다문화특구만을 위한 외국인주민센터가 아님. | 이태원 모델 아님.<br>국가지원 필요.<br>외국인주민센터의 원곡동 중심성 한계. | 비전 및 정책 인프라 |
| • 외국인주민센터가 주말에도 회의나 세미나가 자주 있으나 원곡본동 공무원은 초청을 거의 안함. 주민자치위원장 등 기존 있던 사람은 초청받음.<br>• 주민자치센터 프로그램도 외국인 주민만을 위한 특화프로그램 있어야 함.<br>• 저는 필요한 사람 있으면 (원곡본동주민센터) 개방하겠다는 의지 있음. | 관과 관의 협력 필요.<br>관끼리의 다문화정책과 사업 역할 분담.<br>주민자치사업 대상 외국인 개방. | 외국인주민센터와 원곡본동주민센터의 소통 |

## 7. 소결

안산은 이주민을 포함한 한국인 주민 또한 이주의 역사를 갖고 있는 도시이다. 주민들의 이동이 많은 곳이기도 하지만 오래 거주한 주민들의 경우 지역에 대한 애정과 소속감 등 관심은 높았다. 이주민과 더불어 살아야 하는 지역 특성을 자연스럽게 받아들이고 있었지만, 다문화도시로서 변화가 필요한 재도약의 시점이라는 공감대를 나타냈다.

지역주민을 포함한 지역주체들의 요구를 주민 통합적 요소, 다문화도시 특성화 요소, 비전 및 정책적 요소로 살펴보았다. 정리하면 다음 표와 같다.

〈표 Ⅲ-7〉 안산 주체 요구 종합

| 정책 모델 | 주요 정책 과제 | 주요 정책 내용 |
|---|---|---|
| 주민통합적 요소 | ◆ 지역 공동체성 회복 | ㅣ 한국인의 건강한 공동체 형성<br>ㅣ 이주민 지역 참여 활성화<br>ㅣ 내국인과 다문화 정책 소통<br>ㅣ 주민자치 기능 역할 조정<br>ㅣ 마을과 역사 만들기 강화<br>ㅣ 사회적경제와 결합 |
| | ◆ 주민의 소외 의식 극복 | ㅣ 내외국 반다문화 정서 완화 정책<br>ㅣ 이주민 특혜 및 소외 시비 일소 |
| | ◆ 지역 무질서 해결 | ㅣ 원곡동 거리질서 확립<br>ㅣ 노점상 정비<br>ㅣ 쓰레기 및 주차 정비<br>ㅣ 기초질서교육 강화 |
| | ◆ 지역 이미지 개선 | ㅣ 지역 이미지 실추 요소 제거 |
| | ◆ 단체 간 연대 필요 | ㅣ 민간단체 간 연대<br>ㅣ 종교단체 문제 |
| | ◆ 민관협력 기구 개선 | ㅣ 다문화 각종 위원회 재편<br>ㅣ 민관 거버넌스 강화 |
| 다문화 도시 특성화 요소 | ◆ 주민과 공유하는 다문화 | ㅣ 다문화 특구의 재고<br>ㅣ 다문화 특구 명칭 변경<br>ㅣ 문화 상징 설치 |
| | ◆ 문화적 다양성 마련 | ㅣ 이주민 인권 강화<br>ㅣ 중국 집중화 대책 통한 지역 특성화 강화 |
| | ◆ 지역 문화 콘텐츠 개발 | ㅣ 한국문화 강조<br>ㅣ 한국의 문화예술과의 결합<br>ㅣ 볼거리, 먹을거리 제공<br>ㅣ 다문화 정보 제공<br>ㅣ 국가별 특성 주간 |
| | ◆ 지역 상권 활성화 | ㅣ 지역 특산 상품 개발 |

| 정책 모델 | 주요 정책 과제 | 주요 정책 내용 |
|---|---|---|
| 다문화 도시 특성화 요소 | ◆ 지역 상권 활성화 | ㅣ 지역경제 활성화<br>ㅣ 지역 상인회 활성화<br>ㅣ 한국인 유치전략 |
| | ◆ 공간 개발 | ㅣ 나라별 특성화 전략<br>ㅣ 지역 스토리텔링과 탐방지역 개발<br>ㅣ 원곡 – 신길동 전통문화 개발<br>ㅣ 다문화 생활박물관 설립 |
| | ◆ 다문화 행정 재고 | ㅣ 일회적, 일시적 사업 재고<br>ㅣ 관 중심 직접 사업 재고<br>ㅣ 지역특성 반영한 조례 개정<br>ㅣ 지역 아젠다 지표 개발 |
| 비전 및 정책적 요소 | ◆ 비전 공유 | ㅣ 주민의 다문화 공감대 확대<br>ㅣ 지역 거대 비전 청사진 개발<br>ㅣ 한국인이 찾는 원곡동 만들기<br>ㅣ 지역 다문화 소개 정보의 활성화<br>ㅣ 한국인의 지속적 유치 전략 개발<br>ㅣ 원곡동 인근지역과 문화적 연계 방안 |
| | ◆ 자발적이고 주체적인 주민 참여 | ㅣ 실효성 있는 주민의견 수렴<br>ㅣ 주민의 자발적 · 주체적 참여 확대<br>ㅣ 이주민과 주민 소통 |
| | ◆ 민 – 관 거버넌스 확립과 관 – 관의 역할 정립 | ㅣ 원곡동 중심 다문화 행정의 한계 극복<br>ㅣ 외국인주민센터와 원곡본동주민센터의 역할 분담 및 협력 |
| | ◆ 공간 재배열 및 정비 | ㅣ 원곡 – 신길동 지역 경제 활성화 전략 수립<br>ㅣ 원곡 – 신길동의 여유 공간의 활성화 정책 수립<br>ㅣ 땟골 등 작은 공연장 확대<br>ㅣ 부부로 문화광장 조성(어울림문화공원)<br>ㅣ 만남의 광장 재조성(국경없는마을공원)<br>ㅣ 원곡본동주민센터의 신길동 이전<br>ㅣ 현재의 원곡본동주민센터 기능 조정(다문화생활박물관) |
| | ◆ 민간단체 사업 정책 | ㅣ 민간단체 특성화 정착적 지원<br>ㅣ 기관 수탁의 공정성 |

주민 통합적 요소로는 지역 공동체성 회복을 가장 우선시 하였으며, 한국인 주민이 소외감을 극복할 수 있도록 정책적 필요성이 제기되었다. 지역의 무질서 문제는 끊임없이 극복해야 할 과제이며, 부정적으로 부풀려진 지역 이미지 개선 노력도 필요하다고 보았다. 또한 이주민 지원 단체 간 연대와 실질적인 민관협력이 가능하도록 민관거버넌스 구축에 대한 의견이 공통적으로 제기되었다.

다문화도시 특성화 요소로는 주민과 공유하는 다문화, 문화적 다양성, 지역 특성을 반영한 문화 콘텐츠 개발이 제기되었고, 이러한 지역 특성이 지역 상권 활성화와 연계될 수 있는 방안 모색이 필요하다는 의견들이 있었다. 그리고 체험하거나 탐방할 수 있는 공간을 개발하고, 이러한 다문화적 지역 특성을 최대한 반영할 수 있는 행정 서비스의 필요성이 요구되었다.

마지막으로 비전 및 정책적 요소로는 다문화도시로의 비전을 공유한 상태에서 자발적이고 주체적인 주민들의 참여가 이루어져야 하는 것이 확인되었다. 이를 위해 민-관 거버넌스 확립뿐만 아니라 관-관의 역할 정립이 반드시 이루어져야 할 과제로 요구되었다. 부부로와 만남의 광장 재조성 등을 통한 공원 조성과 여유 공간 활성화 정책 마련이 시급하다는 의견이 제기되었다. 또한 민간단체 특성화를 위한 정책적 지원에 대한 의견도 있었다.

# Ⅳ. 다문화도시 특성화 요소 분석

본 장에서는 지역 주체들의 요구를 반영한 다문화도시 클러스터를 형성할 수 있는 지역 특성화 요소를 위해 고려할 수 있는 자원들을 살펴본다. 지역 일반환경과 주변 환경, 다문화 특성화를 위한 상징 공간 및 이미지 구성을 위한 장소적 자원과 유무형의 인프라, 축제와 같은 무형자원과 전통자원, 지역 주체 역량을 살펴볼 것이다.

## 1. 지역 환경

### 1) 지역 일반 환경

안산시 원곡 – 신길 – 초지동은 반월공단과 인접해 있고 대중교통 이용이 편리하여 한국인 노동자들의 주거지역으로 성장하였고, 현재는 한국인 노동자들이 떠난 자리를 이주노동자들이 채우고 있는 전국 최대 규모의 이주민 밀집지역이다.

원곡동은 신갈 – 안산 간 고속도로 서안산 IC입구에서 멀지 않은 곳인 안산역 건너편 인근을 말한다. 원곡동 – 안산역 일대 사진을 보면 Y형 도로 중심이 유통상가 지역 – 안산지역이고 Y형 도로 좌측 상단이 원곡동 지역이고, 하단은 신길동 지역에 해당한다. Y형도로의 우측 상하는 모두 반월공단 입구에 해당한다(박천응 외, 2015).

원곡동은 1980년대 초부터 반월공단이 본격적으로 가동되면서 인구가 증가하였고, 도시계획에 있어 최초로 도시설계를 실시해 형성된 곳이다. 초기 안산시에서 가장 번화한 곳으로, 안산역을 마주보고 주요 상권이 형성되었으며 1990년대 초까지 안산의 중심적인 상업지역이었다(신유경, 2013).

[그림 Ⅳ-1] 원곡동 지역 범위

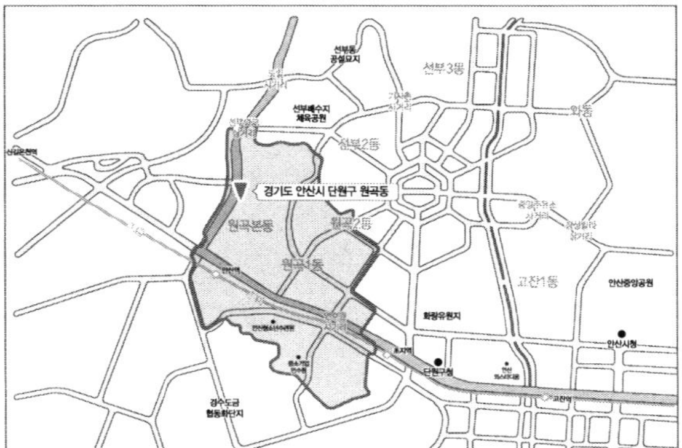

[그림 Ⅳ-2] 신길동 지역 범위

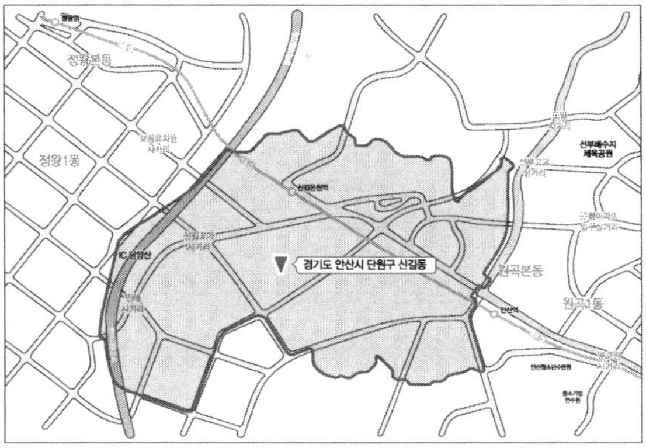


공단 노동자들의 집중거주지였던 원곡본동은 1990년 3만명이 넘는 주거지역에서, 1997년 전후 IMF 외환위기를 거치면서 중소규모 업체들의 도산으로 한국인 노동자들이 빠져나갔고 슬럼화되기 시작하였다. 원곡동에 본격적으로 이주노동자가 증가한 시기도 바로 이 시기이다. 정리해고, 파견 합법화 등 구조조정이 가속화되면서 상대적으로 임금수준이 낮고 고용조정이 용이한 이주노동자가 증가하기 시작한 것이다. 중국과 동남아시아 출신 이주노동자들은 저임금과 장시간 노동이라는 열악한 조건에서도 중소제조업체에 대거 유입되었다.

공동화되고 슬럼화된 원곡동 지역에 이주노동자들이 유입되면서 그들을 위한 새로운 주거 및 상권이 형성되었고 이 시기를 통해 원곡동의 지역성이 만들어졌다. 반월, 시화공단과의 지리적 접근성과 상대적으로 저렴한 주택가격으로 인해 초창기 외국인들이 원곡동을 중심으로 거주하게 되었고 이주노동자들이 원곡동에 밀집하면서 그들 사이에 형성된 사회적 네트워크로 인해 더 많은 이주민들이 밀집하게 되었다(박배균 • 정건화, 2004).

초지동은 안산시 중앙에 위치해 주거, 녹지, 공단지역으로 형성되어 있으며 고잔신도시가 조성되면서 새로 입주하는 아파트를 중심으로 인구가 급속도로 증가하고 있다. 반월공단 및 시화공단 일부가 초지동에 포함되어 있어 공업지역으로 이미지가 큰 지역적 특색이 있다. [1*]

[1*] 초지동 주민센터 홈페이지

[그림 Ⅳ-3] 초지동 지역 범위

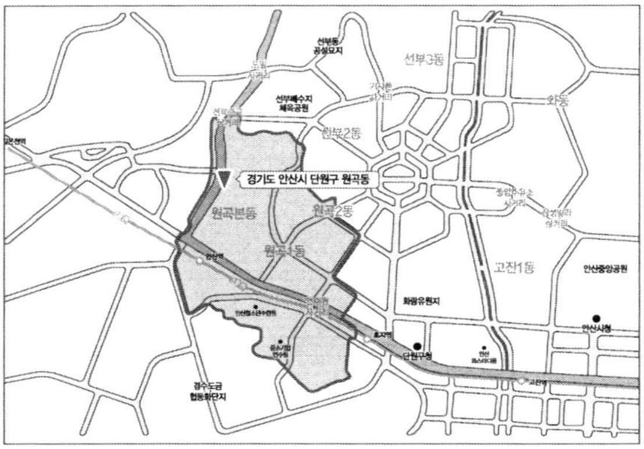


공업지역으로서 안산은 중앙정부의 외국인인력정책을 그대로 보여주는 도시라 할 수 있다. 2003년 8월 '외국인근로자 고용 등에 관한 법률'이 통과되고 1년 후인 2004년 8월에 실시된 고용허가제, 중국 및 구소련 동포들에 대한 차별해소와 포용 정책의 일환으로 2007년 도입된 방문취업제는 안산의 인구 구조를 변화시켰다. 산업연수제도와 고용허가제로 입국한 동남아시아 출신의 노동자가 다수 있었던 2005년까지는 원곡본동과 초지동에 이주민이 밀집해 있는 것을 아래 표를 통해 알 수 있다. 방문취업제가 실시된 후에는 초지동의 이주민 수는 감소추세를 보이고 있는 대신, 땟골로 불리는 선부2동에 이주민 거주자 증가 추세를 볼 수 있다. 선부2동은 우즈베키스탄 국적의 고려인이 집중 거주하고 있는 곳이다.

정부의 '외국인 인력정책'의 변화로 인해 안산시는 고용허가제로 입국하는 이주노동자들은 정체상태인 반면, 중국동포들이 집중되고 있다. 이에 따라 기존의 '다문화' 특색이 약화되고 중국동포 중심의 상권과 문화가 발달하고 있어, 이는 소위 다문화도시 안산에 대한 새로운 과제를 제기하고 있다(박세훈, 2010).

〈표 Ⅳ-1〉 안산시 외국인 다수 거주 6개동 인구변화 추이

| 구분 | 항목 | 1995년 | 2000년 | 2005년 | 2010년 | 2013년 |
|---|---|---|---|---|---|---|
| 원곡본동 | 한국인 | 19,704 | 19,411 | 20,313 | 32,220 | 33,256 |
| | 외국인 | 140 | 859 | 5,368 | 15,392 | 20,410 |
| 초지동 | 한국인 | 13,229 | 15,707 | 49,190 | 49,147 | 47,268 |
| | 외국인 | 563 | 6,454 | 8,520 | 8,057 | 7,464 |
| 원곡1동 | 한국인 | 17,154 | 14,357 | 11,712 | 10,089 | 9,045 |
| | 외국인 | 6 | 33 | 457 | 5,291 | 4,845 |
| 선부2동 | 한국인 | 27,499 | 27,156 | 26,318 | 25,866 | 23,944 |
| | 외국인 | 20 | 72 | 217 | 1,079 | 4,299 |
| 와동 | 한국인 | 35,023 | 43,665 | 45,833 | 45,891 | 45,786 |
| | 외국인 | 15 | 59 | 327 | 756 | 1,158 |
| 이동 | 한국인 | – | – | 26,541 | 29,243 | 29,638 |
| | 외국인 | – | – | 280 | 765 | 1,871 |

※ 출처: 통계청

2015년 4월말 현재 안산시 인구 759,918명 중, 거소신고자를 포함한 등록 외국인은 76개국 71,288명이 거주하고 있다. [2*] 이중 고용허가제와 방문취업제로 등록된 외국인이 35,142명이고, 외국국적동포가 17,190명, 결혼이민자는 5,153명이다. 한국계 중국인을 포함한 중국 국적자가 전체 외국인의 75.2%를 차지하고 있다.

2* 안산시 인구현황에서 동별 인구현황의 외국인과 외국인현황의 외국인이 상이함. 매월 기준 동별 인구현황의 외국인은 거소 신고자를 제외한 통계이고, 매월 기준 외국인현황은 거소 신고자를 포함한 내용임.

〈표 Ⅳ-2〉 안산시 외국인 현황 (2015년 4월 현재)

| 국적별 | | 계 | 고용 허가제 | 방문 취업제 | 결혼 이민자 | 유학 / 연수 | 전문 인력 | 방문 등 기타 | 외국국적 동포 |
|---|---|---|---|---|---|---|---|---|---|
| 계 | | 71,288 | 7,493 | 27,649 | 5,153 | 892 | 469 | 12,442 | 17,190 |
| 비율 (%) | | 100 | 10.51 | 38.78 | 7.23 | 1.25 | 0.66 | 17.45 | 24.11 |
| 중국 | 한국계 중국인 | 46,033 | 116 | 23,723 | 1,501 | 18 | 1 | 6,020 | 14,654 |
| | 중국 | 7,565 | 189 | 0 | 2,092 | 445 | 196 | 4,643 | 0 |
| 우즈베키스탄 | | 4,875 | 271 | 3,391 | 65 | 15 | 5 | 327 | 801 |
| 베트남 | | 2,508 | 1,235 | 0 | 695 | 34 | 60 | 484 | 0 |
| 한국계 러시아인 | | 1,412 | 0 | 92 | 22 | 0 | 0 | 65 | 1,233 |
| 인도네시아 | | 1,392 | 1,338 | 0 | 26 | 5 | 12 | 10 | 1 |
| 필리핀 | | 1,297 | 1,009 | 0 | 152 | 16 | 32 | 88 | 0 |
| 네팔 | | 734 | 657 | 0 | 21 | 5 | 12 | 39 | 0 |
| 캄보디아 | | 637 | 547 | 0 | 58 | 2 | 0 | 30 | 0 |
| 기타 65개국 | | 4,835 | 2,131 | 443 | 521 | 352 | 151 | 736 | 501 |

※ 출처: 안산시외국인주민센터 홈페이지

위 표에서 알 수 있듯이 고용허가제로 유입되는 동남아시아 출신의 이주노동자들에 비해, 방문취업제로 인한 중국동포들의 유입 증가는 상권의 변화만이 아니라 원곡동의 공간 이용 방식에도 변화를 불러일으켰다. 중국동포들이 급증하기 이전, 원곡동에서는 국적별로 자주 찾는 구역이 존재했다. 특정 국가의 식료품이나 음식점과 연관되어 형성되는 경우가 많아 특정 국가의 구역처럼 인식되곤 했다. 또한 공적 공간의 경우에는 특정한 이주자 집단의 구역으로 자리잡는 현상이 발생하지 않았다. 공적 공간을 자신들의 구역으로 삼을 만큼 압도적인 규모를 자랑하는 이주자 집단이 존재하지 않았기 때문이다. 그러나 원곡동에서 중국동포가 차지하는 비율이 급격히 증가하게 되면서 특구 한복판에 위치하고 있는 만남의 광장에 자리를 잡게 되었다. 장기를 두거나 제기를 차고, 족구 혹은 배구를 하거나 음악을 틀고 춤을 추기 시작하면서 다른 국적의 이주자들이 광장으로 진입할 수 있는 가능성을 축소시키는 결과를 낳게 하였다. 중국동포의 급증은 원곡동의 상권이 변화한 것과 마찬가지로 만남의 광장 역시 거의 중국동포들 모습 밖에 볼 수 없는 곳으로 변화했다(권온, 2011).

동별 거주 현황을 보면 이주민 1,000명 이상 거주하고 있는 동은, 원곡본동, 초지동, 원곡1동, 선부2동, 이동, 와동, 본오1동이 있다. 원곡1동을 포함한 원곡동의 이주민 거주비율은 52%정도를 차지하고 있으며, 고려인이 집중 거주하고 있는 선부2동 거주 이주민 비율도 점차 증가하고 있다.

〈표 Ⅳ-3〉 안산시 동별 외국인 분포 현황 (2015년 4월 현재)

| 구분 | 인원 | 비율 |
|---|---|---|
| 원곡본동 | 23,079 | 42.28% |
| 초지동 | 7,181 | 13.16% |
| 원곡1동 | 5,419 | 9.93% |
| 선부2동 | 5,140 | 9.42% |
| 이동 | 2,243 | 4.11% |
| 와동 | 1,305 | 2.39% |
| 본오1동 | 1,047 | 1.92% |
| 선부1동 | 75 | 1.79% |
| 사1동 | 25 | 1.69% |
| 기타 16개 동 | 7,267 | 13.31% |
| 계 | 52,781 [3*] | 100% |

※ 출처: 안산시외국인주민센터 홈페이지

3* 매월 기준 동별 인구현황의 외국인은 거소 신고자를 제외한 통계임.

아래 국제결혼이주자 [4*] 현황을 보면 원곡1동을 포함한 원곡동에 약 33%정도가 거주하고 있는 것으로 나타났다. 원곡동에 가장 많이 거주하고 있으나, 전체 외국인 동별 현황에 비해 집중적으로 거주하는 비율이 낮고 안산시 전역에 걸쳐 거주하고 있는 것을 알 수 있다.

〈표 Ⅳ-4〉 안산시 동별 결혼이주자 분포 현황 (2015년 1월 1일 현재)

| 구분 | 합계 | | | | 국적 취득 안함 (결혼이민자) | | | 한국 국적 취득 (혼인귀화자) | | |
|---|---|---|---|---|---|---|---|---|---|---|
| | 계 (%) | | 남 | 여 | 계 | 남 | 여 | 계 | 남 | 여 |
| 원곡본동 | 2,100 | 26.4 | 477 | 1,623 | 1,524 | 389 | 1,135 | 576 | 88 | 488 |
| 선부2동 | 748 | 9.4 | 139 | 609 | 413 | 101 | 312 | 335 | 38 | 297 |
| 와동 | 522 | 6.6 | 56 | 466 | 281 | 47 | 234 | 241 | 9 | 232 |
| 원곡1동 | 509 | 6.4 | 101 | 408 | 313 | 78 | 235 | 196 | 23 | 173 |
| 본오1동 | 399 | 5.0 | 42 | 357 | 234 | 36 | 198 | 165 | 6 | 159 |
| 선부1동 | 366 | 4.6 | 75 | 291 | 251 | 73 | 178 | 115 | 2 | 113 |
| 이동 | 360 | 4.5 | 60 | 300 | 244 | 55 | 189 | 116 | 5 | 111 |
| 초지동 | 353 | 4.4 | 54 | 299 | 196 | 43 | 153 | 157 | 11 | 146 |
| 선부3동 | 346 | 4.32 | 43 | 303 | 151 | 31 | 120 | 195 | 12 | 183 |
| 기타 16개동 | 2,254 | 8.4 | 289 | 1,965 | 1,390 | 231 | 1,159 | 864 | 58 | 806 |
| 계 | 7,957 | 100 | 1,336 | 6,621 | 4,997 | 1,084 | 3,913 | 2,960 | 252 | 2,708 |

※ 출처: 행정자치부 홈페이지

4* 국제결혼이주자는 한국 국적을 취득하지 않은 남·녀 결혼이민자와 한국 국적을 취득한 남·녀 혼인귀화자를 의미한다.

현재 행정구역상으로 단원구 원곡동 795번지를 중심으로, 일대 367,541㎡의 면적을 2009년 다문화특구로 지정하였다. 다문화특구 지역의 거주 주민은 18,934명으로, 이 중 이주민이 14,540명인 76.79%를 차지하고 있는 것으로 안산시외국인주민센터는 파악하고 있다. 5*

〈표 Ⅳ-5〉 원곡본동 다문화마을 특구지역 내 • 외국인 현황 (2015년 4월 현재)

| 구분 | 인원 | 비율 |
|---|---|---|
| 내국인 | 4,394 | 23.21% |
| 외국인 | 14,540 | 76.79% |
| 계 | 18,934 | 100% |

※ 출처: 안산시외국인주민센터 홈페이지

원곡동은 1980년대부터 교통이 편리하고 타지역에 비해 상대적으로 저렴한 임대료로 공단 노동자들의 주거지로 조성되었다. 이후 한국인 노동자들이 떠나면서 자연스럽게 이주노동자들이 그 자리를 채우게 되면서 식당 등 각종 서비스업 중심으로 상권이 형성되었다. 그러나 다문화특구 조성으로 임대료가 상승하는 등 거주환경이 악화되자 많은 이주민은 선부동이나 시흥시 정왕동 등 원곡동 주변지역으로 재이주 현상이 나타나고 있다. 시흥시에 거주하고 있는 이주민은 시화공단과 가까운 정왕본동을 중심으로 정왕1 • 2 • 3동에 집중적으로 나타난다.

〈표 Ⅳ-6〉 시흥시 외국인주민 변화 추이

| 구분 | 2008년 | 2010년 | 2012년 | 2014년 |
|---|---|---|---|---|
| 계 | 16,665 | 19,498 | 27,715 | 38,921 |
| 한국국적을 가지지 않은 자 | 14,994 | 16,007 | 22,684 | 32,671 |
| 한국국적취득자 | 1,127 | 1,757 | 2,576 | 3,284 |
| 외국인주민자녀 | 544 | 1,734 | 2,455 | 2,966 |

※ 출처: 행정자치부 홈페이지

5* 다문화특구 지역 내 외국인은 평균율 적용으로 부정확함.

〈표 Ⅳ-7〉 시흥시 동별 등록외국인 현황

| 구분 | 2011년 | 2012년 | 2013년 | 2014년 |
|---|---|---|---|---|
| 정왕본동 | 8,774 | 7,826 | 10,052 | 12,780 |
| 정왕1동 | 6,074 | 6,939 | 8,921 | 9,808 |
| 정왕2동 | 750 | 1,267 | 1,682 | 1,676 |
| 정왕3동 | 859 | 1,346 | 1,665 | 1,691 |
| 기타 13개동 | 3,710 | 3,582 | 3,732 | 4,028 |
| 계 | 20,167 | 20,960 | 26,052 | 29,983 |

※ 출처: 시흥시 홈페이지

2) 지역 상권 및 경제 현황

다문화특구 지역 내 임대업자들은 임대료의 정시납부 등의 이유로 내국인보다 이주민을 더 선호하는 경향을 보인다. 이주민들 또한 다른 지역에 비해 외국계 식당, 식재료 판매, 인력소개소 등 이주민을 위한 편의시설이 많다보니 이 지역에 거주와 방문이 집중되고 있다. 또한 저녁시간과 주말에도 운영하는 은행서비스는 이주민들이 만족하는 서비스 중 하나다.

2014년 다문화특구 내 전체 상가의 수는 2013년 대비 6.3% 증가하였으며, 외국계 업소는 25%가 증가하였다. 전체 상가 중 외국계 업소는 15개국 국적, 30%를 차지하고 있고 이중 음식점 비율은 40%에 해당한다. 특히 외국계 음식점 증가분은 대부분 중국음식점으로, 방문취업제 이후 증가한 중국동포만큼 관련 서비스업도 증가한 것을 알 수 있다. 음식점을 포함해 인력소개소, 노래연습장, 수퍼마켓, 핸드폰가게, 다방, 미용업, 고시원 등 8개 업종이 전체 업소의 절반가량을 차지하고 있다.

〈표 Ⅳ-8〉 다문화특구 내 연도별 상권변화

| 구분 | 2011년 | 2012년 | 2013년 | 2014년 |
|---|---|---|---|---|
| 총 업소수 | 1,355 | 1,374 | 1,368 | 1,454 |
| 내국인 업소수 | 1,046 | 1,045 | 1,019 | 1,019 |
| 외국계 업소수 | 309 | 329 | 349 | 435 |

※ 출처: 안산시외국인주민센터 제공

〈표 Ⅳ-9〉 다문화특구 내 외국계 업소 현황

| 구분 | 2008년 | 2009년 | 2010년 | 2011년 | 2012년 | 2013년 | 2014년 |
|---|---|---|---|---|---|---|---|
| 외국계 업소수 | 149개 | 201개 | 266개 | 309개 | 329개 | 349개 | 435개 |

※ 출처: 안산시외국인주민센터 제공

또한 다문화특구 내 주택 임대료와 상가 임대료의 지속적인 상승으로 인해 동남아시아 이주노동자들은 선부동이나 와동, 시흥시 정왕동 등 주변지역으로 이주하는 현상을 낳고 있고, 결과적으로 경제력이 있는 중국동포의 집단 거주지로 변모하게 하는 중요한 원인이 되고 있다.

3) 행정서비스

주민들을 포함한 지역 주체들은 이주민 밀집지역이라는 지역 특성을 볼 수 있는 요소들은 있으나 이러한 요소들을 서로 이어주는 스토리가 없다는 문제제기를 하였다. 예를 들어, 원곡동에는 다른 지역에서 쉽게 볼 수 없는 다양한 국가의 음식점이 있는데, 방문객들이 쉽게 찾을 수 없다. 외국인주민센터와 안산역 앞에 지도가 있지만 눈에 잘 띄지 않을뿐더러 리스트만 나열되어 있을 뿐 스토리가 없다는 것이다.

또한 '다문화특구'로 지정은 되었으나 관련 조례 내용이 매우 미비하다. 특색있는 다문화음식거리를 모토로 했지만 외국음식점의 이주민 조리사가 용이하게 입국할 수 있도록 고용 추천서를 발급해 비자 기준을 낮춘 것 외에는 특별한 지원 서비스가 이루어지지 않고 있다.

## 2. 장소적 자원과 유 • 무형 인프라

### 1) 원곡 – 신길동 지역 인프라 및 여유 공간

매주 주말이면 다양한 국적의 이주민들이 안산역 건너편 원곡동 일대에 모여든다. 그러나 모여드는 사람 수에 비하여 좁은 도로와 즐비한 노점상품의 길거리 적치, 주차난으로 심각한 공간 문제를 겪고 있다. 특히 이 지역에만 이주민들이 집중적으로 모이기 때문에 이주민의 여유 공간이 부족하고 이주민 밀집지역으로서의 특성을 살릴 수 있는 공간정책이 필요한 곳이다.

우선 원곡동 주변 지역의 여유 공간의 실태를 살펴보도록 하겠다. 안산 원곡동 인근 지역의 여유 공간을 형성하기 위하여 기존 공간 중 여유 공간이 될 만한 곳을 조사하여 보았다. 최종적으로 13곳을 선정해 보았다. 13곳의 여유 공간에 대한 실태를 조사한 결과는 다음과 같다.

[그림 Ⅳ-4] 원곡 – 신길동 인근 여유 공간

① 안산역 앞 광장
② 만남의 광장
③ 이마트트레이더스 공원
④ 부부로 녹지
⑤ 외국인주민센터 마당
⑥ 원곡놀이터
⑦ 9단지 생태 오솔길
⑧ 7단지 녹지 공원
⑨ 원곡공원
⑩ 안산신길역사공원
⑪ 근로자운동장
⑫ 관산공원
⑬ 다문화음식거리

(1) 안산역 앞 광장

안산역은 안산시의 상징이자, 반월공단을 잇는 교통의 상징이다. 1986년 안산시로 승격 된 이후 안산역은 노동자들과 공단을 이어주는 집회와 문화의 광장 역할을 하였다. 이 곳은 많게는 1천 여 명이 모여 행사를 할 수 있는 공간이다. 그러나 1998년 IMF를 거치면서 안산역 인근의 한국인 노동자들이 실직 등으로 대거 지역을 빠져 나가면서 안산역은 이주노동자들의 공간으로 자리 잡게 되었다. 그러나 안산역 광장은 2007년 공원조성 시설이 들어오면서 대중이 모여 행사를 할 수 없는 공간으로 변형 되었고, 급격하게 대중 광장의 기능을 상실하고 통행의 공간으로 전락하게 되었다.

2015년 문화단체들이 지하철 계단 입구에 그림 장식을 통해 문화적 공간성을 살리려 하지만 공간 활용도는 현저히 낮아졌다. 택시승강장 앞 조형 지붕은 사실상 그 기능이 공간을 분할하고 공간의 활용도를 낮춘다. 안산역 버스 정류장 일대의 넓은 공간 역시 방치되어있어 흉물스럽다. 안산역사 주변 광장을 안산의 상징 지역으로서 복원시킬 필요가 있으며 안산을 상징하는 문화공간 광장으로서의 기능을 회복 할 수 있는 조치가 필요하다.

[그림 Ⅳ-5] 안산역 광장 및 버스 승강장

(2) 만남의 광장

안산역 지하도를 건너 원곡동으로 들어오는 초입에 조성된 공원이다. 인터넷 지도에 국경없는 공원으로 표시되고 있는 곳이다. 안산시에서는 2008년 공원 조성정비작업을 통하여 문화광장의 역할을 하도록 하였다. 이 곳은 1천여 명이 모일 수 있는 곳이며, 원곡동 일대에서 이주민을 위한 문화 및 여가의 공간으로 가장 많이 이용되는 곳이다. 주말이면 이주민들의 여유 공간이자 스포츠 동아리의 활동 공간으로 사용되기도 한다. 평일 저녁에 중국동포들이 이 곳에서 춤 동아리 활동을 하다가 주민의 항의로 철수되기도 하였다.

그러나 문제는 주말이면 공원주변에 지역 노점상들이 자리를 잡고 상업행위를 하면서 아예 공원 입구를 막아버림으로서 공원 출입자체에 상당한 어려움을 주고 있다. 광장입구를 노점상들이 봉쇄하고 있으나 관리 단속을 하는 안산시에서도 방치하고 있어 가장 많이 이용되는 공간의 기능이 위축되고 있다.

[그림 Ⅳ-6] 만남의 광장

(3) 이마트트레이더스 공원

안산역을 바라보고 우측면에 육교와 고가도로가 있고 고가도로를 지나면 9단지 아파트 방면으로 문화공원이 조성되어 있다. 육교의 경우 이주민의 상징인 새(bird)로 조형되었다. [6*] 그러나 실제 이주민이 이 육교를 사용하는 경우는 많지 않다. 이마트트레이더스 공원은 분수대와 함께 300여명이 모일 수 있는 원형 광장의 공원이다.

[그림 Ⅳ-7] 이마트트레이더스 공원

6* 이주민을 의미하는 영어 Migrant는 철새의 어원에서 출발하였다.

그러나 이 공원 역시 2012년 조성된 이후 문화적 행사를 위하여 사용된 일이 거의 없다. 건축법상 필요공간으로 조성 된 이후 방치되고 있다.

(4) 부부로 녹지

부부로는 원곡동 주민들 30쌍이 지역 녹화를 위해 나무를 심으면서 도로명이 부부로가 되었다. 이 곳에는 도시가스 사업소와 수도 정화 관리 시설이 녹지 안에 있다. 부부로 녹지 전체는 원곡동과 공단에 가스를 공급하는 도시가스관이 지하에 매설 되어 있어 녹지이지만 위험지역이기도 하다. 안산시에서 원곡동 주차난을 해소하기 위하여 2곳에 주차시설을 하였다. 부부로는 원곡동 일대의 녹지조성을 위하여 나무숲이 있지만 대로 건너편 신길동 지역에 7, 9 단지 아파트가 들어서고 아파트와 대로변 경계에 별도의 녹지가 조성 되어 있어 원곡동의 녹지 기능에 대한 재검토가 요구되는 지역이다. 주말에 이주민들이 산책로를 걷는 경우도 있으나 그 활용도가 낮아 전면 재검토가 필요하다.

[그림 Ⅳ-8] 부부로 녹지

(5) 외국인주민센터 마당

부부로 중간에 위치한 외국인주민센터 마당에는 100명 규모의 의자 시설이 있다. 지붕시설이 설치되면서 주로 중국동포들이 모여서 소일하는 장소가 되었다. 이따금 이 곳에서 이주민들의 공연행사가 개최되기도 하지만 문화공연 공간이 협소하여 규모가 있는 행사 장소로 이용되기에는 좁다. 가끔 부부로 일대 도로를 막아 문화행사를 개최하기도 한다. 그러나 전체적으로 외국인주민센터 마당은 문화공간이기 보다는 모임과 소일공간으로 자주 이용된다.

[그림 Ⅳ-9] 외국인주민센터 마당

(6) 원곡놀이터

원곡동 놀이터는 주로 원곡동에 거주하고 있는 어린이와 청소년들의 놀이 공간으로 이용된다. 이주민들은 이 공원을 자주 이용하는 편은 아니다.

[그림 Ⅳ-10] 원곡놀이터

(7) 9단지 생태 오솔길

9단지 생태 오솔길은 아파트 주민을 위한 생태공원길이다. 이 곳은 작은 실개천이 흐르고 산책로가 조성되어있다. 이 곳이 생태 환경적으로 좋은 여유 공간이지만 인근주민과 이주민들의 이용은 매우 저조하다. 특히 이주민들이 이 곳 신길동 지역으로 넘어오는 수는 극히 미약하다. 그러나 원곡동에 부족한 한국인을 위한 식당들이 주변에 즐비하게 있어 원곡동을 방문해 한국식당을 찾는 사람들에게는 적절한 곳이다.

[그림 Ⅳ-11] 9단지 오솔길

(8) 7단지 녹지 공원

7단지 녹지 공원은 이 지역 아파트가 들어서면서 반월공단으로 들어가는 대로변을 따라 조성된 녹지이다. 경우에 따라서는 산책로와 여유 공간으로 충분히 이용가능한 곳이다. 7단지 녹지공원은 단독으로의 활용보다는 생태산책로와 안산신길역사공원을 연계하면 시너지 효과를 가질 수 있다.

[그림 Ⅳ-12] 7단지 녹지 공원

(9) 원곡공원

원곡공원은 6.25와 월남참전 용사를 기리는 현충탑이 있다. 그리고 이 곳은 500여명이 모일 수 있는 다문화 광장, 300여명이 모일 수 있는 공연장, 게이트볼장, 배드민턴장 등의 시설이 있다. 그러나 지리적 접근 상 이곳의 이용자들은 주로 인근의 중국동포들 20여명이 등나무 시설 밑에서 소일을 하는 공간으로서 이용이 매우 저조한 곳이다. 40여억원을 들여 둘레길 등을 마련하였지만 이용률이 저조하다는 것은 공원조성 기능의 전면적 재조정이 필요하다는 것의 반증이다.

[그림 Ⅳ-13] 원곡공원

⑽ 안산신길역사공원

원곡본동주민센터에서 신길동으로 넘어가는 주유소 옆 길 지역에 신석기 유적지가 있다. 잘 조성된 공원이지만 이용자는 별로 없고 이따금 청소년들 몇이 모이는 곳이다. 역사교육과 여유 휴식 공간으로 충분히 활용 가능한 곳이다. 안산이 태동한 고대 역사의 중심지이지만 사실상 방치되어 있다.

[그림 Ⅳ-14] 안산신길역사공원

⑾ 근로자운동장

원곡동 기숙사 단지 일대 노동자들을 위한 스포츠 공간으로 조성되었다. 축구장과 테니스장이 있다. 주로 조기축구회가 모임을 갖지만 이주노동자들이 이 곳을 이용하는 것은 드물다. 원곡동주민들의 한마음 체육대회 행사장으로 이용되기도 하였다. 최근들어 기숙사 단지가 해제되어 연립주택 단지가 조성되고, 고려인들이 모여 사는 땟골 중간에 위치하고 있어 이 일대의 여유 공간으로 충분히 활용 가능한 곳이다.

[그림 Ⅳ-15] 근로자운동장

⑿ 관산공원

관산중학교와 원곡고등학교 뒷산에 위치한 관산공원은 작은 산 둘레길이 조성 되어있다. 관산도서관과 원곡중학교 등을 잇는 곳이다. 산책로 등이 잘 발달되어 있으나 이 곳까지 이주민들이 이용하기엔 무리가 있다. 관산중학교와 원곡고등학교 운동장이 이웃해 있어 관산공원 주변 학교 운동장 시설과 연계된 프로그램 등은 가능할 것으로 보인다.

[그림 Ⅳ-16] 관산공원

⒀ 다문화음식거리

안산역에서 지하도를 건너 올라오면 다문화음식거리라는 입간판이 세워져 있다. 여기부터 모두도서관까지(구, 원곡본동주민센터) 이어진 거리가 이주민 밀집지역의 주요 도로로, 주민과 방문객 대부분이 이 길을 지나간다. 베트남, 인도네시아, 우즈베키스탄, 중국 등 각국 식당과 다른 지역에서는 잘 볼 수 없는 과일과 야채들이 판매되고 있다. 그러나 사람들이 이용하는 길까지 진열되어 있는 상점의 물건들이나 노점상 등이 관리되지 않아 이용자들이 불편을 겪고 있다. 특히 사람이 몰리는 주말(토요일 오전 10시 ~ 일요일 오후 10시)은 공식적으로 차량이 통제되어 있으나 잘 지켜지지 않고 단속도 거의 되지 않고 있다.

[그림 Ⅳ-17] 다문화음식거리

2) 초지동 지역 인프라 및 여유공간

[그림 Ⅳ-18] 초지동 인근 인프라 및 여유공간

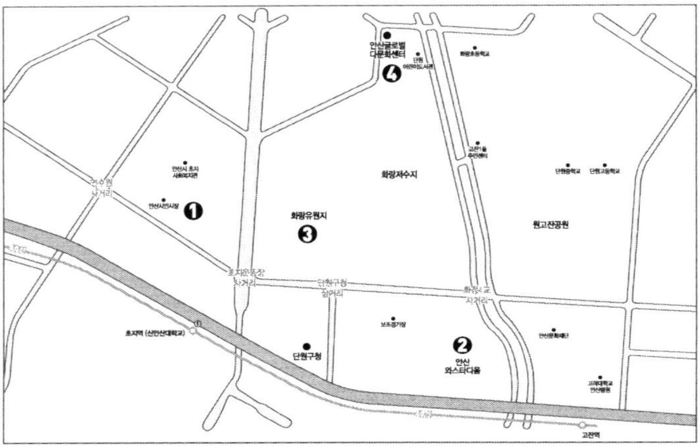


①안산시민시장
②와스타디움
③화랑유원지
④경기글로벌다문화센터

(1) 안산시민시장

1980년대 원곡동 라성호텔 인근에 생필품 노점상이 들어서면서 지역상권과 더불어 재래시장으로 형성되기 시작하였으며, 그 이후 라성시장 뒤쪽의 노점상과 영세사업자를 위한 종합시장이 건립되어 현재의 시민시장으로 불리고 있다. 안산의 대표적인 재래물품시장으로 인근에 거주하고 있는 이주민들도 이용하고 있다.

(2) 와스타디움

와스타디움은 초지동에 있는 종합경기장으로 천연잔디 축구장, 육상경기장, 보조경기장 등을 갖추고 있다. 이주노동자, 다문화가족을 대상으로 하는 체육대회나 문화축제 등이 열리기도 하고, 태국, 필리핀 등 국가별 축제나 행사도 개최되고 있다.

(3) 화랑유원지

초지동에 있는 복합 휴식 공간으로 화랑호수와 산책로, 경기도 미술관, 단원각 등이 있다. 이외에도 잔디광장과 족구장, 농구장, 간이축구장 등 체육시설이 마련되어 있다. 와~ 스타디움과 마찬가지로 국가별 혹은 민족별 축제나 행사, 스포츠 경기 등이 열리고 있다.

(4) 안산글로벌다문화센터

지역사회 내 다문화가족에 대한 서비스체계 구축을 위해 건립된 안산글로벌다문화센터는 2013년 5월 개관했다. 현재 이곳에는 안산시다문화가족지원센터, 안산이주아동청소년센터, 경기도외국인인권지원센터가 입주해 있다.

## 3. 주요행사와 축제

이주민 밀집지역인 안산은 이주민과 관련한 축제 등 행사가 타지역보다 많은 편이다. 안산시, 지역 단체, 이주민공동체가 각각 주최가 되어 계절별, 명절, 스포츠 행사 등이 일년 내내 열리고 있다고 해도 과언이 아닐 정도이다. 이러한 행사는 원곡동 내 만남의 광장이나 부부로, 인근 운동장에서 이루어지기도 하고, 화랑공원이나 와스타디움 등 원곡동을 벗어나 개최되기도 한다.

### 1) 민족별 축제

민족별 축제는 특정국가 문화를 매개로 열리고 있으나 해당 국가 출신 이민자와 한국인이 함께 하는 장이 될 수 있도록 기획되고 있다. 스리랑카독립협회가 주관하는 스리랑카 설 축제, 태국 출신 이주민이 주관하는 태국 전통 물 축제인 쏭크란 축제, 몽골출신 이주민이 주관하는 나담 축제, 원곡성당이 주관하는 필리핀이주민축제 등은 특정 국가 혹은 특정 민족 출신 이주민이 중심이 되는 축제들이다.

〈표 Ⅳ-10〉 안산 민족별 축제

| 구분 | 일시 | 주요행사 | 비고 |
|---|---|---|---|
| 태국 쏭크란 축제 | 4월 중 | 기념식, 축수식, 퍼레이드 등 | 태국 고유의 설날 행사로 '물의 축제'로 알려져 있음 |
| 스리랑카 알룻아우르뜨 축제 | 4월 중 | 기념식, 전통춤, 고타보라(외나무 다리 베개 싸움) 등 | 스리랑카독립협회가 주관하는 신년 축제 / 1997년부터 개최 |
| 필리핀 이주민 축제 | 5월 중, 6월 중 | 거리 퍼레이드, 미사 등 | 성 크루잔을 기리는 산타크루잔 축제, 스페인으로부터 독립한 날을 기념한 축제 |
| 몽골 나담축제 | 7월 중 | 씨름, 문화공연 등 | 나담은 활쏘기, 경마, 씨름 세 가지 중요한 게임을 의미함 |
| 라마단 축제 | 9월 중 | 라마단 의식행사, 공연 등 | 인도네시아 공동체가 중심이 되어 개최됨 |

※ 출처: 장기영(2010), 안산외국인주민센터, 경기도 이야기 [7] 재구성

7* 스리랑카 설날 축제 구경 오세요. http://gnews.gg.go.kr/news/news_detail.asp?number=20120418152705853OC049

2) 지역주민, 이주민을 위한 축제

이주민 지원단체가 중심이 되어 중국 동포를 위한 명절 행사, 이주노동자를 위한 행사, 고려인을 위한 고려이주민의 날 행사 등도 다수 개최되고 있다. 한국의 전통명절인 설날과 추석 명절기간에 열리는 ' 어울림 한마당' 형식의 축제는 이주민뿐만 아니라 지역주민들도 참여하고 있다. 출신 국가들의 부스가 차려지고, 각국의 전통문화 경연, 노래자랑, 음식나누기 등의 행사가 펼쳐진다. 특히 올해는 시민과 이주민이 함께 참여하고 펼치는 시민주도형 다문화축제인 '제1회 안산다문화국경없는마을 시끌북적축제'가 열리기도 하였다.

2002년 한•일 월드컵을 계기로 기획된 '국경없는마을배 안산월드컵'은 각국의 이주노동자 등이 참여하는 대표적인 스포츠 행사다. 축구뿐만 아니라 안산의 다양한 스포츠 인프라를 활용하여 2002년부터 2014년까지 매년 개최되었다. 최근에는 안산이주민센터와 안산생활체육회 등이 주최하는 월드컵까지 이주민이 참여하는 스포츠행사는 점차 확대되고 있다.

또한 안산시에서 주최하는 세계인의 날 기념행사, 다문화 어울림 마당, 다문화 생활체육 경기, 다문화 연주회 등을 통해 내.외국인의 소통을 도모하고 있다. 안산의 주요한 축제 중 하나인 안산국제거리극축제도 원곡동 일대에서 펼쳐지기도 하였다.

〈표 Ⅳ-11〉 안산 다문화 축제

| 구분 | 일시 | 주요행사 | 비고 |
|---|---|---|---|
| 중국동포, 이주민을 위한 명절 행사 | 설날, 추석 | 한국전통문화체험, 스포츠 행사 등 | 이주민지원 민간단체 |
| 이주노동자를 위한 행사 | 연중 | 명절 및 계절별 행사 | 이주민지원 민간단체 |
| 필리핀 이주민 농구대회 | 연중 | 체육문화축제, 한국 문화탐방 등 | 이주민지원 민간단체 |
| 이주민 축제 및 공연 | 연중 | 음악공연 등 | 이주민지원 민간단체 |
| 이주민 스포츠 행사 | 연중 | 크리켓, 축구, 배구, 농구, 제기 | 이주민 공동체 |
| 여성의 날 행사 | 3월 | 문화공연 등 | 이주민공동체, 이주민지원 민간단체 |
| 안산국제거리극 축제 | 5월 | 공연, 기획프로그램, 부대행사 | 안산시 |

| 구분 | 일시 | 주요행사 | 비고 |
|---|---|---|---|
| 세계인의 날 기념행사 | 5월 | 공연, 노래자랑, 체험행사 등 | 안산시 |
| 안산월드컵 | 6월 | 축구, 배구 등 스포츠 | 이주민지원 민간단체 |
| 고려인 이주민을 위한 행사 | 9월 | 기념식 등 | 이주민지원 민간단체 |
| 외국인근로자 어울림 마당 | 10월 | 체육, 문화, 부대행사 등 | 안산시 |
| 시민과 이주민 축제 (시끌북적) | 10월 | 전문가 및 동아리 공연, 국가별 전통공연, 체험행사 등 | 이주민지원 민간단체, 안산문화예술포럼 등 공동주최 |
| 이주민 만남의 밤 | 12월 | 공연, 기획프로그램 | 이주민지원 민간단체 |

## 4. 전통 문화자원 8*

안산의 전통문화자원은 공단 개발 등으로 인해 상당부분 유실되었으나, 일부 남아있는 자원과 역사적 기록 등으로 살펴볼 수 있다.

[그림 Ⅳ-19] 원곡 - 신길동 문화자원 요소

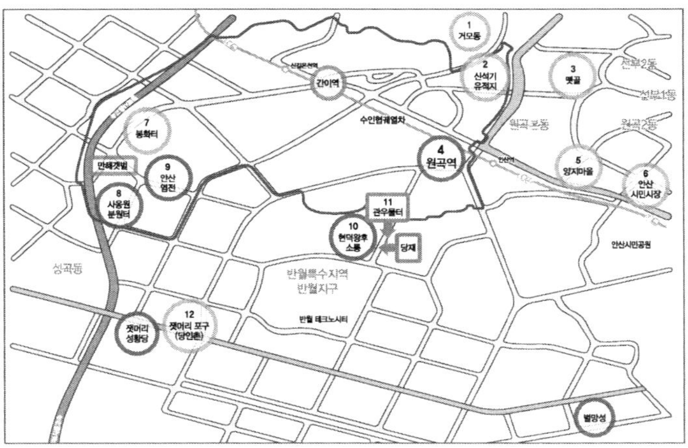


※ 출처: 박천응 외(2015)

8* 박천응 외, 국경없는마을 다문화콘텐츠 연구, 2015 자료 재정리

(1) 거모동 3.1만세 거리

일제강점기 때 거모동 일천여명의 주민이 모여 3.1만세 운동을 벌인 곳이다.

(2) 신석기 유적지

신석기 유적지는 안산역에서 시흥 방향으로 지하차도를 지나 300m 가량 진행하다 보면 우측에 해발 44.8m의 야산이 있는데 이 일대에 유적지가 위치하고 있다. 이 곳은 현재 사실상 방치되어 있는 상황이다. 해안가에 위치했던 신석기 주거유적으로, 원곡 – 신길동 일대가 안산에서 가장 먼저 사람이 산 곳일 가능성이 있는 곳이다.

(3) 땟골

땟골은 띠 (벼과의 다년초)가 많이 자생하는 곳이라 하여 '띠골'이라 했고, 후대에 '땟골'이라 불리게 되었다. 1979년 반월공단 조성과 신도시 개발 과정에서 이주 단지가 조성되어 안산의 원주민이 가장 많이 살던 지역이었다. 마을 동북쪽 털밑봉 아래 엎드려 있으면 화(禍)를 면한다는 속설이 있어, 예로부터 환란을 피해온 주민들이 땟골로 피난을 와서 화를 당하지 않았다는 얘기가 전해 온다.

(4) 원곡역

원곡역은 수인선 협궤열차 노선 중 인천과 수원 사이에 있는 역이다. 원곡역은 현재 안산역 위치에 지어질 예정이었으나, 그 당시 안산역이 위치하고 있는 지역은 경사가 있어 지금의 이마트트레이더스 건너편에 지어졌다고 한다.

(5) 양지마을

양지마을은 현재 원곡동 라성호텔 일대이다. 해마다 음력 8월 15일 전후 길일을 잡아 웃말과 아랫말 사이에 있는 대동우물에서 정제(井祭)를 지냈다.

(6) 안산시민시장

단원구 초지동에 자리한 안산시의 유일한 재래시장으로, 초지시장으로도 불리며 5일과 10일에 장이 섰다. 안산의 대표적인 재래물품 시장으로 원곡동에 거주하는 이주민들도 이용하는 등 국경을 초월한 주민들이 지역정보를 교환하는 이색 장소가 되기도 했다. 오일장과 별도로 매주 일요일에는 '아시아 벼룩시장 에브리선데이'가 운영되어 20여개국의 관련 제품을 구입할 수 있었으나 2014년 폐지되었다.

(7) 봉화터

안산은 고려시대부터 중국으로 통하는 관문으로, 이 곳 봉화터는 바다 소식을 알리는 통로였다.

(8) 사옹원 분원 터

신길동 일대에 위치한 사옹원 분원 터는 조선시대 태조때부터 왕의 수라상을 담당하는 사옹원의 안산 분원이다. 신길 앞바다에서 잡힌 해산물을 임금에게 진상했고, 그 중 말린 꽃게알이 일품이었다고 한다.

(9) 안산염전

안산염전은 6.25전쟁 후 지역 유지였던 문병관이 만든 개인염전이다. 문병관의 조부가 막아놓은 논으로, 물이 없어 농사를 짓지 못하고 묵혀두었다가 6.25 전쟁 후 소금 품귀 현상이 일어나자 염전으로 만들고, 굶주린 피난민들을 이곳에서 일하게 해 끼니를 이을 수 있도록 했다.

(10) 현덕왕후 소릉

단종의 어머니인 현덕왕후의 능이 있던 터다. 현덕왕후는 세종 23년 단종을 낳은 지 얼마 되지 않아 사망해 안산에 안장되었는데, 이후 문종이 왕위에 오른 후 현덕왕후로 추봉하고 능을 소릉이라 칭했다. 능길에서는 해마다 음력 10월 3일이면 골안 뒤산 도당터에서 도당제를 지낸다.

(11) 관우물터

전설에 의하면 세조가 단종을 죽인 후 현덕왕후가 분노해 세조의 꿈에 나타나 침을 뱉으며, "네가 내 아들을 죽였으니 나도 네 아들을 죽일 것이다"라고 했다. [9*] 이에 분노한 세조는 안산에 있던 현덕왕후의 능을 파헤쳐 관 뚜껑을 열려고 했는데, 그 때마다 천둥번개가 치는 등 기이한 일이 생겨 결국 바다에 떠내려 보냈다고 한다. 관우물터는 바다에 떠내려 보낸 현덕왕후의 관이 한 번 닿은 곳에 생긴 우물이라고 전해진다.

(12) 잿머리 포구(당인촌)

잿머리 포구는 신라 말에서 고려 초기 당항성(當項城)으로 추정되는 곳이다. 이곳은 중국에 왕래하는 통로였고, 당인촌(당인촌)이라는 중국 상인들의 마을이 생길 정도로 왕래가 활발했다고 한다. 잿머리 성황당과 군자봉 성황당의 연기설화에 따르면, 서희가 송에 사신으로 갈 때 여기에서 위령제를 지내 순풍을 얻어 무사히 바다를 건널 수 있었다고 한다.

9* 하지만 정사에서는 세조의 아들인 의경세자가 단종보다 일찍 사망했다.

## 5. 주체역량 및 지원기관 • 단체

주체역량 및 지원기관과 단체는 안산 다문화도시가 타 도시와 차별적 특성을 갖는 핵심 요소다. 본 절에서는 이러한 인적자원 및 네트워크가 갖는 특성을 먼저 살펴보고, 안산 다문화도시 클러스터를 구성할 때 구체적으로 차별적 특성을 갖는 요소로 발현될 조건과 가능성을 중심으로 살펴본다.

### 1) 지역 주체 역량

#### (1) 주민 역량

2000년대 초반 원곡동에서는 쓰레기 문제, 치안 문제 등 지역 문제가 가시화되면서 이러한 문제를 해결하고 지역사회 요구를 공동의 노력으로 해결하고자 2002년 1월, 지역주민으로 구성된 '원곡동 주민자치위원회'가 중심이 되고 안산외국인노동자센터가 주관, 원곡본동사무소가 지원하는 형태의 '국경없는 마을 원곡동 추진위원회'가 구성되었다(이태정, 2004). 이들의 대표적인 활동이 매월 한 차례 아침에 수십 명이 모여 공동 청소를 하는 것이었다. 공동 청소를 계기로 동네 체육 대회 등 일상의 공간에서 출신국과 인종, 문화를 뛰어넘어 공동의 지역 문화와 주민의식을 만들어내기 위한 여러 행사들이 열릴 수 있게 되었다. 그 압권은 2001년 법무부 출입국관리사무소가 원곡동 일대에서 무리한 불법 체류자 단속을 벌였을 때, 지역 주민들이 자발적으로 나서서 단속 중단을 요구하고, 나아가 단속 중단 서명 운동을 전개한 일이다(오경석, 2014).

안산 원곡동에서 시작된 '국경없는마을' 운동은 지역의 변화에 따라 원주민과 이주민이 함께 마을공동체를 형성하고자 했던 아래로부터의 지역주민운동이라 할 수 있다. 그러나 이러한 지역공동체 형성을 위한 운동은 2000년대 중반 이후, 이주민을 포함한 주민의 역량이 강화되는 방향보다는 한국인 주민과 이주민이 분리되는 현상을 낳고 있다. 이주민을 지원하는 민간단체의 급작스러운 증가, 외국인주민센터의 직접 사업 증가, 원곡본동주민센터와 외국인주민센터의 역할이 중복되는 등 민관거버넌스가 제대로 작동하지 못하면서 지역공동체가 약화되고 있다. 내 • 외국인을 떠나 주민으로서 지역사회에 주도적으로 참여하는 자발성이 현재는 많이 사라졌을 뿐만 아니라, 2000년 초반 당시 단속 중단 서명 운동을 주도적으로 벌인 주민들 중 일부는 오히려 반다문화정서를 강하게 드러내고 있다.

오정은 외(2010)는 '국경없는마을' 운동의 경험을 통해서 본 원곡동은 풍부한 문화적, 인적 자원을 갖고 있으나 그러한 자원을 배제한 채 일방적으로 추진되는 지역개발 정책은 오히려 문화적, 인적 자원을 퇴출시키는 오류를 범할 수 있다고 지적하고 있다.

'안산시 외국인주민 및 다문화가족지원 민관협의체(이하 민관협의체)'는 '안산시 외국인주민 및 다문화가족 지원 조례'에 의거하여 2008년 5월에 구성되어, 안산시외국인주민센터에서 운영하고 있다. 2015년 현재 한국인주민대표, 외국인주민대표, 민간단체, 관련부처 담당자 등 총 15명으로 구성되어 있으며, 분기별 1회 회의를 개최하고 있다. 민관이 함께 이주민 정책을 공유하는 상징성은 있으나, 정책과 관련해 지방정부와 민간의 갈등 조정이나 역할 분담 등 실질적 논의는 이루어지지 않는 문제점을 내포하고 있다.

다문화특구가 있는 원곡본동의 대표적인 주민 조직으로 원곡본동 주민자치위원회와 좋은마을만들기가 있다. 주민공청회에서 좋은마을만들기 위원은 "단체들마다 지역을 위해 뭔가를 하고는 있는데 큰 그림이 없이 하니 별로 티가 나지 않는다"고 했다. 즉, 두 단체를 비롯한 원곡본동의 주민단체는 쓰레기 문제나 질서 지키기 캠페인 등 다양한 활동을 하고 있으나, 지역 전체를 대상으로 하는 활동을 하지는 못하고 있다. 그리고 법정동인 신길동까지 포함하고 있는 이 두 조직은 스스로의 역할에 대해 '애매모호'하다는 입장이다. 신길동 거주 주민과 원곡본동 거주 주민은 각각 이주민 밀집지역에 대한 인식을 달리하고 있다. 또한 '외국인은 외국인주민센터로, 한국인은 원곡본동주민센터로'라는 생각이 주민들 사이에 있다 보니, 전국 최대 이주민 밀집지역이라는 지역 특성을 살린 활동을 제대로 하지 못하고 있다.

(2) 이주민 역량 [10*]

안산에서는 다양한 이주민 공동체들의 활동이 활발하게 있다. 이주민 공동체는 국가별, 모임 성격별로 다양한 양상을 보이고 있다. '원곡동이 본사라고 생각해요. 주말에 다들 모이거든요'라는 이주민 인터뷰에서도 알 수 있듯이 원곡동에 거주하는 이주민들도 있으나 대부분은 주말을 이용해 원곡동을 찾아 각종 모임과 행사를 갖고 있다.

이주민 공동체 가운데 가장 다양하고 개성있는 집단이라고 할 수 있는 공동체는 인도네시아 공동체 (ICC, Indonesia Community Center)이며, ICC 안에는 30여개의 각종 모임이 있다. 다민족 • 다언어 사회인 인도네시아는 같은 국가 출신이라고 해도 언어, 외모, 종교, 출신지역 등에 따라 전혀 다른 문화를 갖고 있다. 원곡동에서도 인도네시아 사람들이 단골로 찾는 음식점은 출신지역이나 종교별로 구분되어 있다. 한때는 종교나 지역별로 심각한 갈등을 보인 적도 있으나 현재는 ICC 주도로 단합된 모습을 보여주고 있다.

10* 박천응 외(2015) 참조

중국 출신 이주민의 특징은, 이주민 중 가장 큰 규모임에도 불구하고 특별한 공동체 모임을 갖지 않는다는 점이다. 특히 한족은 개인주의적 성향이 강하고, 중국이라는 사회주의 체제에서 학습된 비국가적인 조직에 대한 부정적인 인식이 여전히 영향을 미치고 있기 때문인 것으로 보인다. 또한 이들은 공동체 대신 사적인 '관계(關係)'라는 중국식 사회적 네트워크를 고수한다. 조선족이라 불리는 중국동포의 경우에도 귀환민연합회, 귀환동포연합회 등 조직은 있으나 지역 내에서는 경로당 중심으로 자원봉사 등 활동을 하고 있는 정도로 공동체 활동이 강하지는 않은 편이다.

베트남 이주민들은 결혼이민자나 한국 국적 취득자를 제외하고는 귀환의지가 강한 편이다. 따라서 일시 체류자로서 인식과 함께 중국과 같이 사적인 모임을 지양하는 사회주의적 생활양식이 강해, 전체 이주민 수가 많은 편임에도 불구하고 공동체 활동에 미온적이다.

태국 출신 이주민 대부분은 스스로를 '태국 국민, (태국) 왕의 자녀, 불교도'라고 규정하며 매우 강한 공동체 결속력을 보이고 있다. 태국인이라는 정체성이 강하기 때문에, 본국에서 발생할 수 있는 지역적 • 언어적 • 종족적 차이로 인한 갈등이 한국에서는 거의 나타나지 않는다.

원곡동의 필리핀 이주민은 라성호텔 앞 원곡1동과 초지동 일대 연립주택단지에 거주하고 있다. 1990년대 중반부터 필리핀 출신의 유진 신부를 중심으로 원곡성당 갈릴래아 사목센터에서 필리핀 이주민에게 상담 등의 서비스를 제공하면서 필리핀 이주민들이 모이게 되었다. 공동체는 출신지역, 사회계층, 자조활동 등 성격은 다양하나, 가장 큰 구심점은 천주교를 기반으로 하고 있다는 점이다.

방글라데시와 스리랑카 출신 이주민 공동체는 2000년대 중후반까지 활발한 활동을 펼쳤으나, 현재는 주축이 되어 활동했던 이주민들이 본국으로 송환되거나 돌아가면서 규모와 응집력이 많이 약해졌다. 이외에 네팔, 몽골 출신 이주민 공동체가 있으며, 출신지역을 나누지 않는 각종 자조모임과 소모임이 활동하고 있다.

2) 지역 행정 서비스

(1) 안산시외국인주민센터

안산시는 2005년 행정자치부로부터 '안산시외국인근로자지원센터'의 설치를 승인받아서 운영했고, 2007년에는 '외국인복지과'로 명칭을 변경하여 관련 사업을 담당하였다. 이후 2008년 3월 외국인주민센터를 개관하였고, 센터 내에 다문화작은도서관, 보건소 원곡지소, 통역지원센터 등 시설을 갖추었다. 외국인주민센터는 소장을 포함하여 총 31명 (2015년 6월 현재, 특별순찰대 9명 등 계약직 공무원 포함)이 외국인정책, 다문화교류, 다문화교육, 외국인인권, 다문화아동 등의 업무를 담당하고 있다. 특히 다른 지역과 차별된 사업으로는 안산 다문화마을 특구 운영, 국가별 공동체 페스티벌, 계절별 대표 다문화축제, 지구촌 어린이합창단 운영, 다문화 홍보학습관 운영, 다문화 작은 도서관 등을 직 • 간접적으로 운영 및 관리하고 있다.

안산시외국인주민센터의 대표적인 사업으로 '다문화 특구' 운영을 들 수 있다. 다문화특구를 지정하는 과정에서 많은 우려와 반대 논의도 나타났다. 특구 지정에 따른 지가 및 임대료 상승은 결국 이주민들의 삶을 위협할 수 있기 때문인데, 실제 '특구' 지정을 전후로 우려했던 바가 가시화되는 현상이 나타난다는 지적이 있다. 관광지 개발에 대한 기대로 인해 원곡동 인근지역의 임대료와 지가가 급상승하고 결국 월세와 임대비를 감당하기 어려운 이주민은 인근지역으로 내몰리는 모순적인 현상이 나타나는 것이다. 또한 '아름다운 간판 정비' 사업은 자생적으로 생겨난 간판을 획일화시키면서 다문화 특구 본래의 취지를 잃어간다는 문제도 지적되고 있다 (신성희, 2009). 주민들의 전반적인 의견을 수렴하지 않은 상태에서 이루어지는 탑다운 방식의 사업은 거주 이주민의 삶의 공간을 열악하게 할 뿐만 아니라, 주변지역으로 밀려나게 하는 결과를 낳고 있다.

또한 2015년 7월 현재 전국 24개 시 • 구 단체가 가입되어 있는 전국다문화도시협의회에서 안산외국인주민센터 소장이 간사 역할을 하고 있다. 전국다문화도시협의회 가입 자격은 외국인주민이 5천명 이상 거주하면서 협의회 참여를 희망하는 기초자치단체로, 서울 5곳, 인천 1곳, 광주 1곳, 경기 14곳, 충남 2곳, 경남 1곳이 가입되어 있다. 전국다문화도시협의회는 다문화와 관련한 제반사항에 대한 협의와 개선방안 제시, 현안 등에 대해 의견교환과 해결방안 공동모색, 중앙부처 등에 정책 건의 등을 주요 사업으로 하고 있다. 안산외국인주민센터는 전국다문화도시협의회 내에서 특별한 형태를 띠고 있어, 이주민 밀집지역의 외국인전담부서로 긍정적 평가를 받기도 한다. 그러나 한편으로는 공무원 사회 내부에서도 기존의 주민센터와 별도로 외국인들만을 대상으로 하는 외국인주민센터라는 특별 기구가 별도로 운영되어야 하는 이유에 대한 의구심도 갖고 있다(정성영 외, 2014).

(2) 원곡본동주민센터

외국인주민센터 설립 이전까지 원곡본동주민센터는 한국인주민과 이주민을 연계하는 역할을 하였다. 특히 2000년대 초 원곡본동에서는 한국인 주민들의 불만 중 하나였던 쓰레기 배출문제를 해결하고자 공동마을 청소를 월 1회 실시하였는데, 이 활동에 시민단체, 이주노동자, 지역 상인, 원곡본동 주민자치위원회 그리고 원곡본동주민센터가 함께 했다. 이 당시 원곡본동 동장은 이주노동자를 명예주민자치위원으로 위촉하는 등 이주민 밀집지역의 특성을 반영한 행정을 펼쳤다고 할 수 있다. 물론 2000년대 초중반까지 이주민 지원 활동은 시민단체가 주도하였다고 할 수 있으나, 원곡본동주민센터는 시민단체, 지역상인, 이주노동자를 연계하는 역할을 한 것이다.

현재 원곡본동주민센터는 원곡본동에 위치하고는 있으나 이용 주민의 70% 정도가 신길동 주민이다. 원곡본동 다문화특구의 80%를 차지하는 이주민은 원곡본동주민센터가 아닌 외국인주민센터를 이용하고 있어서, 원곡본동주민센터 역할이 모호한 상태이다. 원곡본동에 거주하는 한국인 주민들은 이주민 밀집지역의 특성을 살린 활동을 하고 싶으나, 두 기관의 사업이 중복되기도 하고 불분명하여 역할 재정립이 필요함을 지적하고 있다.

(3) 기타

원곡본동의 다문화특구는 안산9경 중 하나이다. 안산시 관광정책은 다문화특구를 관광명소로 지정만 할 것이 아니라 지속적인 관리와 홍보가 필요하다. 그리고 주민들 다수가 문제제기하고 있는 거리 음식, 길거리 생선 방치 등 식품위생 업무도 긴밀한 연계가 있어야 한다. 또한 안산문화재단, 안산문화원 등의 문화예술 관련한 지원 등도 꾸준히 이어져 전통문화와 이주문화의 융합이 이루어지도록 해야 할 것이다.

3) 이주민 관련 민간단체

안산시 원곡동을 중심으로 한 이주민 지원단체는 대부분 종교단체 중심으로 이루어지고 있다. 1990년대 중반부터 시작된 이주노동자 지원활동은 주로 원곡동에 자리잡고 있던 종교단체가 선교활동을 벌이면서 시작되었다. 인권문제, 근로조건에 관한 문제, 산업재해 문제 등 한국에서 이들이 겪는 어려움, 이주노동자로서의 애로사항을 알게 되었고, 노동이나 인권 관련 상담, 의료봉사 활동 및 한국어교육을 하고 쉼터를 제공하는 등 다양한 지원활동을 펼쳤다. 2000년대에 들어서서 상대적으로 비중을 많이 차지하는 중국동포를 포함한 중국인들을 위한 단체가 생겨났다.

2000년 중반 이후부터는 기존 종교단체보다 규모가 큰 개신교 단체가 원곡동으로 들어와 지원활동을 시작했으며 특정 국가를 대상으로 하는 단체, 결혼이주여성과 그 자녀들을 대상으로 하는 단체들도 만들어졌다.

대표적인 이주민지원 단체인 안산이주민센터는 1999년 한국 최초의 다문화 공동체 프로젝트라고 할 수 있는 '국경없는 마을' 운동을 추진함으로써 이주노동자의 인권 및 시민권 문제를 최초로 공론화시켰다 (박천응, 2007 ; 오경석, 2010). '국경없는 마을' 운동으로 이주노동자 관련 이슈들에 관심이 커지자 기존의 종교단체뿐만 아니라 인권, 문화 예술, 다문화 교육 등 다양한 분야를 다루는 시민단체들이 등장하였고, 다른 지역의 시민단체들 또한 이주민 지원활동을 위해 원곡동으로 몰려들기 시작하였다(박천응, 2007; 서민우, 2009).

'다문화'와 관련된 단체는 2005년 이후 급속도로 증가하고 있다. 단체들 대부분 중앙정부나 지방정부의 위탁 기관이거나 기존의 복지업무를 전담하는 곳에서 새로운 사업을 확장하는 차원에서 위탁하고 있어 서비스의 제도화가 빠르게 이루어지고 있다는 것을 알 수 있다.

〈표 Ⅳ-12〉 지역별 외국인주민 지원단체 현황

| 지역 | 명칭 | 대상국가 | 활동사항 |
|---|---|---|---|
| 원곡동 | 안산이주민센터 | 동남아시아, 중국(조선족, 한족) (인도네시아, 방글라데시, 스리랑카, 베트남, 몽골, 파키스탄, 우즈베키스탄, 기타) | 상담, 의료지원, 한글교육, 컴퓨터교육, 국제결혼 가족 지원 및 모임, 소식지 / 출판물 제작 |
| | '갈릴래아'<br>외국인근로자사목센터 | 동남아시아 :<br>필리핀, 태국, 인도네시아 | 상담, 쉼터제공, 의료지원, 국내법교육, 한글교육, 각국 공동체지원, 소식지 / 출판물 제작 |
| | 안산조선족교회 | 중국, 조선족 | 상담, 의료지원, 국내법, 한글교육 |
| | 안산외국인노동자의 집<br>& 중국동포의집 | 중국, 조선족 (서울지부 : 한국외국인근로자지원센터) | 노동상담, 의료상담, 생활상담, 교류 / 문화사업, 쉼터운영, 한글 / 컴퓨터교육 |
| | 안산선교교회 | 동남아시아 (주로 필리핀), 중국 | 상담, 의료지원, 한글교육, 국내외 단체 지원 및 연대, 각종행사 |
| | 안산안디옥 국제선교회 | 인도네시아 | 의료지원, 한글교육, 각종행사 (소풍, 캠프, 체육대회 등) 쉼터제공 |

| 지역 | 명칭 | 대상국가 | 활동사항 |
|---|---|---|---|
| 원곡동 | 온누리다문화센터 | 동남아시아, 러시아, 중국 (몽골, 러시아, 미얀마, 베트남, 스리랑카, 조선족, 한족) | 예배, 양육, 전문상담, 문화행사 |
| | 동산W 다문화센터 | 중국, 베트남, 몽골, 캄보디아, 중앙아시아 | 예배, 상담, 한글교실 |
| | 지구인의 정류장 | 이주노동자 | 미디어 |
| | 중화동행교회 | 중국 (한족), 조선족 | 예배, 상담, 한글교실 |
| | 글로벌미션센터 | 필리핀, 네팔 | 상담, 통역, 쉼터 |
| | 여의도순복음교회 다문화센터 | 중국, 인도네시아, 아프리카 | 예배, 의료지원, 생필품지원, 언어교육, 문화교육 |
| | 다문화가족행복나눔센터 (삼육재단) | | 쉼터 & 무료급식, 무료진료, 문화체험 및 탐방, 통합서비스, 아동 보육 및 교육, 체육 및 환경개선, 상담 및 코칭 사업 등 |
| 초지동 | 안산다문화가족지원센터 (안산YWCA) | | |
| | 초지종합사회복지관 (안산제일복지재단) | | 결혼이민자 자조모임, 문화다양성 교육사업, 이민자 사회통합프로그램(법무부 지원) |
| | 경기도 외국인 인권지원센터 (안산제일복지재단) | | 인권침해 예방 및 사례연구 |
| 선부동 | 너머 | 안산고려인 | 한글학교, 생활통번역, 상담지원 |
| | 구세군다문화센터 | | 다문화교회, 무료진료소, 어린이 돌봄의집, 임시숙소 |
| 고잔동 | 소금밭교회 | 동남아시아, 나이지리아 | 의료지원, 한글교육, 각종행사, 쉼터운영:아프리카 (나이지리아) |
| 본오동 | 본오종합사회복지관 (천주교 수원교구) | | 결혼이민자 한국어교육&문화체험, 역량 강화프로그램 등 상록구 다문화가족 사례관리, |
| 부곡동 | 부곡종합사회복지관 (연꽃마을) | | 결혼이민자 한국어교실, 사회적응프로그램 |
| 와동 | 와동종합사회복지관 (굿프렌드 복지재단) | | 다문화가정 아동 지원프로그램 |

※ 출처: 안산시외국인주민센터 자료에 연구자 추가 정리

다문화가 사회적 트렌드가 되고 원곡동이 '다문화 1번지', '다문화 중심도시'로 소개되면서 홍보를 목적으로 하는 기업의 사회공헌 활동도 증가하였고, 사회복지공동모금회, 후원기업, 민간단체가 한 팀이 되어 이주민 관련 사업을 시행하면서 프로젝트와 예산의 규모가 커졌다. 기업이나 국가시행사업을 받은 단체는 시설과 규모가 개선되었으며, 이 과정에서 지원을 받은 단체가 외부로 알려지면서 또 다른 사업을 배정받기 용이해졌다. 하지만 지방정부, 중앙부처의 지원을 받지 않거나 기업의 사업을 공모하지 않은 민간단체의 경우 공간과 사업의 규모가 줄어 단체 간 양극화가 심화되었다(정성영 외, 2014). 양극화의 심화로 인해 이주민 소모임 다수는 재정 지원이 많은 단체나 관에서 주최하는 행사로의 쏠림현상을 보이고 있다.

이러한 관주도로 이루어지는 서비스의 양적 확장과 급격한 제도화 과정은 몇 가지 문제를 낳고 있다. 무엇보다도 지원단체들 간의 신뢰와 거버넌스 결여로 인한 프로그램의 중복과 공백, 그리고 그로 인해 낮은 수준에 머물고 있는 이주민의 참여도와 만족도가 가장 심각한 문제로 대두되고 있다(양기호 외, 2010).

〈표 Ⅳ-13〉 안산 이주민 지원단체와 공동체 사업 시작 년도

( ) 숫자는 사업 시작 연도

| 구분 | | 1990년 | 1996년 | 2000년 | 2006년 | 2010년 |
|---|---|---|---|---|---|---|
| 이주민지원단체 | 민간단체 | (94) 안산선교교회<br>(94) 안산이주민센터<br>(95) 안디옥국제선교회 | | | | |
| | | | (96) 소금밭교회<br>(97) 갈릴래아사목센터 | | | |
| | | | | (00) 코시안의 집<br>(00) 동산교회선교센터<br>(01) 안산조선족교회<br>(02) 외국인노동자 · 중국동포의집<br>(05) 베트남선교원<br>(05) 온누리M센터 | | |
| | | | | | (06) 국경없는마을<br>(07) 안산이주여성상담소<br>(07) 갈릴래아어린이집<br>(08) 다문화어린이집<br>(08) 샤론어린이집<br>(08) 다문화가족행복나눔센터<br>(09) 우리함께다문화<br>(09) 지구인의 정류장 | |
| | | | | | | (10) 동그라미배움센터<br>(11) 한국다문화학교<br>(11) 너머<br>(12) 구세군 다문화센터<br>(13) 여의도순복음다문화센터 |

( ) 숫자는 사업 시작 견도

| 구분 | | | 1990년 / 1996년 / 2000년 / 2006년 / 2010년 |
|---|---|---|---|
| 이주민지원단체 | 정부단체 | 안산시 | (08) 안산시외국인주민센터<br>(08) 이주민통번역지원센터<br>(10)위스타트글로벌아동센터 [11*]<br>(11) 모두도서관<br>(12) 다문화홍보학습관<br>(13) 안산글로벌다문화센터 |
| | | 기타 | (06) 안산외국인근로자지원센터(노동부) [12*]<br>(08) 다문화가족지원센터(여성가족부)<br>(12) 경기도외국인인권지원센터 (경기도) |
| 지역공동체 [13*] | | | (95) 방글라데시복지협의회(BWWA)(91)<br>(95) 네팔공동체(NCC)(93)<br>(96) 필리핀 공동체(AFC)<br>(97) 코시안 가족 모임<br>(97) 인도네시아 공동체(ISWARA)<br>(97) 스리랑카독립협회(SRIA)<br>(02) 국경없는 마을 발전협의회<br>(03) 안산강제추방반대 합법체류촉구연대<br>(06) 귀환민연합회안산지회<br>(07) 안산이주민단체협의회<br>(08) 안산귀환동포연합회<br>(11) 인도네시아 공동체(ICC) |

11* 현재 안산이주아동청소년센터
12* 현재 외국인력상담센터
13* 방글라데시복지협의회는 1991년, 네팔공동체는 1993년 설립되었고, 1995년 주요 활동 근거지를 안산으로 이동한 것임.

## 6. 주변 지역 연관 인프라

주변 지역 연관 인프라는 연구대상 주변 지역에 활용 가능한 유무형의 연관 인프라를 의미한다. 이 중 연구대상 지역에 가장 큰 영향을 미치는 요소 중 하나는 과거 반월공단과 시화공단으로 불리웠던 안산·시흥스마트허브 지역이다. 이는 현재 연구대상 지역에 이주민이 집중적으로 거주하게 되는 직접적인 계기가 되는 지역이기 때문이다. 즉, 연구대상 지역에 거주하는 이주민, 그리고 이 곳을 방문하는 이주민의 상당수는 안산·시흥스마트허브 지역의 중소영세 사업체에 종사하고 있는 종사자다.

안산·시흥스마트허브 지역의 산업구조 변화와 노동시장 변화는 연구대상 지역의 이주민 구성 변화의 계기가 된다. 이는 연구 대상 지역의 지역 주체가 변하고 연구대상 지역의 다문화적 요소의 내용이 변한다는 것을 의미한다. 따라서 안산·시흥스마트허브 지역의 현황과 산업구조 변화는 향후 연구대상 지역이 다문화도시 클러스터 구축 과정에서 고려해야 할 중요한 요소 중 하나임을 염두에 두어야 한다.

과거 반월공단은 수도권으로 집중되고 있던 사업체 입지 수요 분산을 통해 인구집중을 완화하고 아울러 수도권 지역의 도시부적합 사업체를 이전시키기 위해 건설된 산업단지였다. 반월공단 조성으로도 수도권 지역 사업체의 입주 수요를 충당하지 못하면서 반월공단 인접 지역에 추가적으로 건설된 산업단지가 시화공단이다 (서부지역공업단지관리공단, 1993).

과거 반월·시화 공단은 지역내·지역간의 산업적 연계성을 고려하지 않은 채 인구분산과 대도시 공해·환경 문제해결이라는 외생적 요인에 의해 조성되었다. 따라서 과거 반월·시화 공단은 수도권지역 대기업과의 관계에서 수직적 연결고리의 하위에 놓이게 되었고, 경기변동이나 산업구조 변화에 대한 대응능력이 현저히 낮을 수밖에 없는 산업구조를 갖게 되었다(박삼옥, 2000; 정건화, 2005).

경기변동이나 산업구조 변화에 대한 대응 능력이 낮은 과거 반월·시화공단의 산업구조 성격은 현재 안산·시흥스마트허브 지역이 갖고 있는 한계이기도 하다. 현재 연구대상 지역에 이주민 노동자층이 증가하고 거주하게 된 배경은 과거 영세한 반월·시화공단 입주 기업이 인력 중심의 구조조정을 실시한 결과이기도 하다. 특히 1997년 IMF 경제위기 이후 다수의 실직 노동자가 빠져나간 자리를 2000년대 이후 이주노동자층이 유입되면서 연구대상 지역도 기존 한국 노동자들이 빠져나가고 그 자리를 이주노동자층이 대체하는 과정을 겪고 현재와 같은 다문화 특성화 지역이 된 것이다.

이러한 변화 과정 속에서 최근 연구대상 지역은 파견회사와 같이 안산•시흥스마트허브 지역에 노동력을 제공하는 중개 기구와 연계된 재중동포 출신의 이주노동자가 증가하고 있다. 결과적으로 현재 연구대상 지역에서 가장 많은 비율을 차지하는 이주민은 재중동포 이주노동자라 할 수 있다. 이는 지역의 다문화적 요소의 다양성이 낮아지는 계기가 될 수 있다.

또한 안산•시흥스마트허브는 현재 산업구조 고도화를 모색 중이다. 즉, 연구대상 주변 지역의 산업구조 고도화와 산업구조 변화는 종사자 변화를 의미하며, 안산•시흥스마트허브의 주거 배후지인 연구대상 지역의 거주민 변화와 이주민 구성 변화를 의미한다. 이러한 변화는 향후 연구대상 지역의 다문화도시 클러스터에 또 다른 위기 또는 기회적 요소로 작용할 수 있음을 염두에 둘 필요가 있다.

## 7. 소결

지금까지 연구대상 지역의 일반 환경과 주변 환경, 다문화 특성화를 위한 상징 공간 및 장소적 자원, 유무형의 인프라, 무형자원과 전통자원, 지역 주체 역량 등을 살펴보았다.

원곡동을 중심으로 한 연구대상 지역은 중국동포를 비롯한 중국인의 비율이 지속적으로 증가함에 따라 문화적 다양성이 감소하고 있는 것을 알 수 있다. 다문화특구 내 외국계 업소도 대부분 중국 음식점으로, 방문취업제 이후 증가한 한국계 중국인만큼 관련 서비스업도 증가한 것을 알 수 있다. 한편, 다문화특구 내 임대료의 지속적 상승은 우즈베키스탄, 동남아시아 출신 노동자들을 선부동이나 와동, 시흥시 정왕동 등 주변지역으로 이주하는 현상을 낳고 있다.

매주 주말이면 이주노동자들이 모여들고 있는 안산역 건너편 원곡동 일대에는 여유 공간이 부족하다는 문제가 지속적으로 제기되고 있다. 여유 공간 형성을 위해 원곡–신길동 일대의 가능한 지역을 조사해 보면, 안산역 앞 광장, 만남의 광장, 이마트트레이더스 공원, 부부로 녹지, 외국인주민센터 마당 원곡놀이터, 9단지 생태 오솔길, 7단지 녹지 공원, 원곡 공원, 안산신길역사공원, 근로자운동장, 관산공원, 다문화음식거리 등이 있다. 초지동 일대에는 안산시민시장, 화랑유원지, 와스타디움, 글로벌다문화센터 등이 있다.

무형자원으로는 태국, 필리핀, 인도네시아 출신 이주민이 중심이 된 나라별 축제, 이주민 지원단체가 중심이 된 축제, 그리고 주민과 이주민이 함께 만드는 축제 등이 다양하게 있다.

전통문화자원은 공단 개발 등으로 상당부분 유실되었으나, 일부 남아있는 자원과 역사적 기록 등으로 살펴볼 수 있다. 거모동 3.1만세 거리, 신석기 유적지, 땟골, 원곡역, 양지마을, 안산시민시장, 봉화터, 사옹원 분원 터, 안산염전, 현덕왕후 소릉, 관우물터, 잿머리 포구(당인촌) 등이 있다. 이러한 전통문화자원은 현재 자원과 스토리텔링하여 연계하는 방안을 모색해 볼 수 있다.

지역의 주체역량 및 지원기관과 단체를 살펴보았다. 주민과 관이 함께 지역공동체를 통해 쓰레기문제나 기초 질서 등 지역 문제를 해결하고자 하는 경험이 있었으나, 현재는 그러한 공동체가 상당히 와해된 것으로 주민들 스스로 평가하고 있으며, 외부에서도 비슷한 평가를 하고 있다. 지역의 풍부한 인적, 문화적 자원을 관에서 배제한 채 진행된 관주도 개발정책이 오히려 지역공동체성을 약화시켰다고 할 수 있다. 이 주민 공동체는 공동체의 리더의 변화나 구심이 되는 공간의 변화 등에 의해 지역에서 역량의 차이를 보이고 있는 것을 알 수 있다. 또한 다른 지역과 차별화 된 행정기관으로 안산시외국인주민센터가 있는데 이주민에 대한 체계적인 지원을 한다는 긍정적인 평가도 있으나, 원곡본동주민센터와의 관계나 민간단체와의 관계에서 역할이 모호하거나 중복이 지적되고 있다. 마지막으로 이주민관련 민간단체는 2005년 이후 급격하게 증가하였고, 대부분 원곡동을 중심으로 활동하고 있다. 종교단체 위주로 지원단체가 만들어져서 종교가 다른 이주민들의 지원에 한계가 있고, 재정 지원이 많은 종교단체나 관에서 주최하는 행사로 이주민들의 쏠림현상을 보이고 있다.

연구대상 지역의 주변 지역 연관 인프라 중 가장 큰 영향을 미치는 요소가 과거 반월공단과 시화공단으로 불렸던 안산 • 시흥스마트허브 지역이다. 이 지역은 현재 산업구조 고도화를 모색 중이이서, 이곳의 주거 배후지인 연구대상 지역의 이주민 구성의 변화를 가져올 것으로 보인다.

# V. 국내 문화도시 사례

원곡동 지역이 변화 모델로 삼을만한 국내 문화도시 사례를 살펴볼 것이다. 원곡동과 같이 이주민, 특히 이주노동자 혹은 중국동포가 밀집해 있는 지역을 중심으로 변화의 과정을 살펴보는 것이 가장 좋을 것이다. 그러나 중국동포가 밀집해 있는 구로구나 영등포구 등도 현재 변화를 겪고 있는 과정이라 원곡동이 모델로 삼기에는 적절하지 않은 측면이 있다. 따라서 원곡동의 다문화적 특성을 고려하여, 지역의 문화자원을 통해 지역변화를 경험한 바 있는 서울 이태원, 인천 차이나타운, 그리고 전주한옥마을의 사례를 살펴보고자 한다.

## 1. 서울 용산구 이태원 [14*]

### 1) 주민 통합적 요소

이태원은 다른 나라 혹은 다른 지방에서부터 모여들어 새로 정착한 '이주민'의 도시인만큼 구성원들도 다양하다. 매우 다양한 종족, 계층, 종교집단 구성원 사이에는 최소한의 기능적인 필요, 즉 상업적인 거래관계나 의무적인 지원 등에 한정해서 관계가 이루어지고 있다. 지방정부 중심의 축제나 상업적인 축제 등은 있으나, 여러 커뮤니티를 모두 아우르는 지역축제나 공동의 이벤트 혹은 공동체 의식에 참여하는 경우는 보이지 않고 있다. 한국의 중앙정부와 지방정부도 개입하지 못하는 "치외법권" 지대에 가까운 역사적 특징이, 오히려 각자 문화적 영토를 넘어서서 '침범'하지 않는 불간섭의 원칙이 이태원의 '평화로운 공존'을 가능하게 하는 조건이자 주체로 판단하고 있다.

그럼에도 불구하고 이태원은 역설적으로 토박이 주민의 뿌리가 깊은 것을 알 수 있다. 부군당이라는 오래된 당집이 있는데, 당집을 지키기 위해 노인정 사람들이 팔지 않고 공공재산인 도시공원으로 시에 기부체납하기도 하였다. 매년 자발적으로 기금을 모아 당제를 지내고 있기도 하다.

### 2) 문화 특성화 요소

6.25 전쟁 이후 주둔한 미군 부대의 존재가 이태원 형성의 중요한 변수로 인식되어, 생계를 유지시켜 준 존재이나 윤리적으로 혹은 도덕적으로 부정적 인식 또한 강하게 자리잡고 있었다. 한국 상인들은 일본, 중국, 서구 관광객이 진입하면서 그들의 비위에 맞고 수요에 적합한 상품과 프로그램들을 준비하였으나, 미국인들과는 다른 수평적인 관계를 형성하였다. 반면 무슬림들은 일부 특별한 경우를 제외하고는 한국인 상인들에게서 많은 물건과 서비스를 구입하지 않고 그들만의 공동체를 형성하고 있는데, 한국상인들은 이태원이 미국의 코리아타운처럼 무슬림 타운화 될 것이라는 우려를 갖고 있다.

---

14* 송도영(2011), 이희수 외(2008) 참조

1986년 아시안게임과 1988년 서울올림픽을 전후로 이태원의 상업적 성격과 활동하는 이주민들이 다 변화되었다. 1980년대 말부터는 동남아시아 및 서아시아 출신 무슬림 노동자들이 국내에 유입되면서 이슬람 중앙 성원이 있는 이태원으로 대거 진입하게 된다.

1990년대와 2000년 들어 이슬람 문화권 출신 이주노동자들의 출입 증가와 다양한 외국인구의 거주와 출입, 상업기회와 외국문화 소비기회를 찾는 한국인들의 증가도 변화의 계기라 할 수 있다.

이태원의 가장 큰 자원은 서울 중심부에 자리잡고 있는 지리적 중심성과 세계 각국 공관들과 다양한 이주민들이 거주하면 출입하는 곳으로 발전해 온 다국적성을 들 수 있다. 또한 외국군대 주둔지가 오래 전부터 형성되어 치외법권 지대에 가까운 "예외적 공간"이라는 것이다. 이슬람 성원, 공관을 중심으로 형성된 고급주택단지, 외국음식 전문점, 가구거리, 이주민을 대상으로 한 쇼핑지구 등이 형성되어 있다.

3) 비전 및 정책적 요소

1976년 중동 산유국들과의 관계 강화를 위해 중동국가의 기부를 받아 이슬람 중앙성원을 건립하였다. 1997년 9월 지하철 6호선 녹사평역에서 한강진역간 1.4㎞ 지역을 이태원 관광특구로 지정하였다.

이태원1동과 한남동, 보광동 일대가 뉴타운 건립 계획에 있었으나 2015년 들어 대규모재개발 사업을 원점에서 재검토하기로 하는 등 추진은 미비한 상태이다. 특히 이태원 관광특구가 포함된 구역은 현재 상권이 활성화되어 있어서 재개발을 반대하는 주민들이 많다.

4) 안산에 주는 시사점

이태원은 재개발지역으로 지정될 정도로 낙후된 곳이었으나, 서울시에서 성장의 한계를 만나며 전통적으로 걷고 싶은 도시를 찾다보니 새롭게 붐이 일어난 지역이다. 즉 정책의도와는 상관없이 정부 간섭이 거의 없는 무정부상태, 경기침체, 한국의 사교육 과열로 인한 영어붐 등으로 우연하게 만들어졌다는 것이다.  그러나 경리단을 포함한 일부 지역은 이미 젠트리피케이션이 시작된 것으로 보고 있다.

안산시는 이태원을 원곡동의 모델로 상정하고 있으나, 지역주민을 포함한 대부분의 지역 주체들은 원곡동과 이태원은 위치, 조건, 이주민 특성 등 전혀 다른 성격임을 앞서 말한 바 있다. 지역의 변화는 중앙정부나 지방정부 정책, 다양한 변수와 경제흐름에 의한 변화를 무시할 수 없다. 이러한 변화 속에서 개별화된 이주민 특화지역인 이태원을 지키고 있는 토착민처럼 기존에 거주하고 있는 주민의 지역공동체가 뿌리내리고 있는 것은 주민 통합의 중요한 요소 중 하나일 것이다.

## 2. 인천 차이나타운 [15*]

### 1) 주민 통합적 요소

인천 차이나타운 변화를 주도적으로 이끈 것은 지역공동체라기보다는, 단기적이고 가시적 성과를 보이는 사업에 중점을 둔 민선자치단체장과 의회의원들이라 할 수 있다. 한국을 방문하는 관광객에 대한 인천지역 유치 확대 방안 연구가 이루어졌고, 이러한 지방정부의 노력이 중앙정부에 의해 받아들여진 것이다. 즉 관광자원을 창출하기 위한 중앙정부와 지방정부가 차이나타운 형성의 주요한 주체인 것이다.

지역에 거주하는 화교뿐만 아니라 한국인 주민에게도 차이나타운 재개발은 반가운 소식이었으나, 화교 및 중국 문화 관련 속에서 진행되다보니 한국인들은 자신들의 주장을 펼치기 힘들었고, 화교들 또한 자신들의 문화를 위주로 한 개발 계획이었으나 한국에서 소수민족으로 살아온 역사적 배경으로 인해 정부정책에 자신들의 요구를 관철시키기 힘든 구조였다.

관주도 개발이 이루어지다 2009년 이후부터 주민참여 유도에 대한 계획이 이루어졌는데, 인천 중구청은 차이나타운에 세 개로 나뉘어져 있는 자치조직(인천차이나타운 연합회, 북성동 번영회, 차이나타운문화축제위원회)을 하나로 통합하도록 권유하면서 각 단체장들의 양해각서를 받아내어, 2011년 '인천 차이나타운 발전위원회'로 명칭을 바꾸어 모임을 운영 중이다. 하지만 이 조직은 외부에 화교와 한국인이 화합하는 것처럼 보이기 위해 임원들을 한국인과 화교로 안배해 놓는 등 형식적 참여에 머무르고 있다.

### 2) 문화 특성화 요소

조선 개항 이후 19세기 말에 지금의 인천 선린동 일대에 약 5,000여 평 규모의 청국전관조계가 설정되었고, 이로부터 속칭 '청관(淸館)'이라 부르는 중국인 거리가 조성되었다. 이들의 상권은 한때 무척 번성해 지금의 동인천역 근처까지 조계를 확장할 정도였다. 증가하던 인천 화교는 한일합방 이듬해부터 감소하기 시작했으며, 청국 조계지는 1913년 정식으로 폐지되었으나, 조계지 내 소유권은 그대로 인정되어 화교들의 집단거주지로서의 기능은 유지되었다. 해방 이후 남한 정부가 수립되고 공산화 된 중국과 국교가 단절되면서 중국인의 한국 이주가 중단되었다.

15* 이창호(2008), 이범훈 · 김경배(2010) 참조

화교들이 무역상의 난점으로 인해 많은 수가 요식업으로 전환했고 중국음식점이 한때 호황을 맞기도 했다. 그러나 1961년 시행된 '외국인토지법'으로 화교들의 토지 소유가 금지되었고, 1980년대 들어 음식점에 대한 중과세 부과 정책 등으로 상당수 화교들이 대만, 중남미, 미국 등으로 이민을 떠나기도 했다.

조선 개항 이후 청국 조계지로 화교 주택 거리의 일부 건물이 보존되어 있었고, 1934년 건립된 화교중산학교 등이 남아 있었다. 또한 일본 조계지 설정 이후 설립된 일본 영사관 터는 현재 중구청으로 사용되고 있었고, 일본 은행, 하역회사 사무소, 일본인이 한국에 최초로 세운 대불호텔의 터 등이 있었다. 그러나 이러한 자원은 제대로 관리되지 못하고 있어서 화교들이 운영하는 중국음식점 1 ~ 2곳 외에는 지역을 상징하는 공간은 없었다고 봐도 무방할 것이다.

한편, 선린동과 함께 현재 차이나타운으로 개발된 북성동은 부두와 어시장, 여관과 술집으로 번창하다가, 어시장이 새로 지은 연안부두쪽 수산시장으로 옮겨가기 시작한 1974년을 기점으로 서서히 쇠락하였다.

차이나타운에 음식점이 생기기 시작하는 1998년 이전까지 중국 동네라 불리던 차이나타운은 화교학교 다니는 아이들과 서울의 중국요리점으로 출근하는 사람들 외에는 지나다니는 사람조차 보이지 않고 가게들도 없는 한산하고 음침한 달동네로 기억되는 곳이었다.

1992년 한중수교와 1997년 IMF 외환위기는 외국인 투자유치의 필요성과 함께 차이나타운의 재개발을 촉진하는 계기가 되었다. 또한 전주한옥마을의 사례와 같이, 1990년대 들어 문화산업에 대한 관심과 기대가 높아지고 지방자치제가 실시되면서 관광문화도시 개발의 필요성이 대두되었는데, 위와 같은 계기와 맞물려 인천 차이나타운의 재개발이 이루어지게 되었다. 특히 1998년 이 동네에 중국음식점을 개업한 화교가 이듬해에 TV방송프로그램에 출연하며 유명세를 타기 시작하자 매스컴에 의해 차이나타운이 알려지고 관광객이 방문하게 되자 지방정부는 재개발에 더욱 박차를 가하게 된다.

2000년대 들어 중국인들의 한국여행 자유화와 2001년 인천국제공항 개항으로 인천에서는 무엇보다도 차이나타운 개발이 최우선시 되었다.

3) 비전 및 정책적 요소

2001년 6월 문화관광부로부터 월미도를 포함한 중구 신포동, 연안동, 신흥동, 북성동, 동인천동 일원의 300㎢가 월미관광특구로 지정을 받았고, 2002년에는 북성동 차이나타운에 중국계 멕시코 자본이 투입되어 조성사업이 더욱 활기를 띠기 시작했다. 2000년 11월 중국 웨이하이(威海)시의 기증으로 설치된 패루(牌樓)에 이어 차이나타운에 처음으로 지방정부가 바라던 외국인의 투자유치가 이루어진 것이다. 인천 중구청은 지속적으로 중국어 마을 문화 체험관, 자금성 • 만리장성 • 갑골문자 • 팬더 등 중국 문화를 상징하는 벽화 거리, 삼국지 벽화거리, 짜장면박물관, 한중문화관 등 상징공간을 마련하였다.

차이나타운뿐만 아니라 인천시 중구의 옛 개항장 일원은 2001년부터 추진되어 온 월미관광특구 사업과 함께 '근대건축물 밀집지역 지구단위 계획'(2003년), '자유공원주변 지구단위계획'(2007년), 개항장문화지구 지정(2010년)을 거치면서 근대 문물의 '최초', '한국 근대문화의 발상지'로 부각되고 있다.

인천 차이나타운이 포함되어 있는 인천개항장문화지구는 역사성과 장소성을 대표하는 과거 근대화 시기의 개항장으로서 도시경관과 근대건축물 보호와 지역특화산업으로 지원 • 육성하여 문화특화지역으로 발전을 도모하고 경제활성화 및 환황해권의 대표적인 국제 개항 문화 체험 도시로서의 발전을 위해 지정되었다.

4) 안산에 주는 시사점

인천 차이나타운이 조성된 이후에는 생활공간이라기보다는 중국문화를 체험하는 관광지로 인식되어 있고, 음식체험과 같은 일회성 방문자가 대부분이라는 한계에 부딪히고 있다. 민속촌이나 박물관처럼 박제화 된 공간이 아닌 한, 지역의 발전을 위해서는 이주민과 내국인 모두를 포함하는 지역주민 위주의 정책수립과 다양한 정책참여 유도 등 서로 교류하는 장을 마련하는 생활공간이 되어야 한다는 점을 간과해서는 안 될 것이다.

또한 인천 차이나타운은 쇠락해가던 구도심 지역의 유 • 무형의 문화유산을 최대한 활용하여 관광 자원화 하였다. 그러나 인천 차이나타운이 포함되어 있는 개항장문화지구와 달리 안산다문화특구를 포함하는 지역특화발전특구는 직접적 재정지원이 없다는 점에 차이가 있다.

## 3. 전주 한옥마을[16*]

### 1) 주민 통합적 요소

한옥마을이 단순한 도시개발이 아닌 관광지 개발이라는 차이는 거대 자본과 사람의 유입을 낳았고, 많은 외부의 관심 속에서 마을은 주민들이 원했던 것과는 다른 정체성을 획득해 나가고 있다. 주거지와 관광지의 경계에서 과거와 같은 주거지 보다는 관광지가 되었음을 알 수 있다. 이 과정에서 주민들은 개발 과정에서 침해될 수 있는 자신들의 재산권을 중시할 수밖에 없었고, 행정과 끊임없는 갈등과 원주민과 신이주민 사이에서도 확연히 다른 입장 차이가 생겨났다.

정책으로 말미암은 갈등이 크고 작고, 산발적으로 지속되는 이유는 아마도 한옥마을 변화를 주도하고 이끄는 주체가 여전히 행정당국이고, 마을 외부의 정책입안자들에 의해 마을의 정체성이 귀결되어가고 있기 때문일 것이다. 그리고 그 과정에서 많은 사람들이 한옥마을의 가장 큰 자산거리로 내세웠으며 지향해야하는 모습이, 다른 민속촌이나 박물관과는 달리 '전통생활이 박제화 되지 않고 조화롭게 살아 숨 쉬는 공동체'라는 점을 망각하기 때문인 것 같다. 즉, 한옥마을 공동체의 중심에 한옥마을 주민이 있다는 점을 잊기 때문인 것이다.

한편 한옥마을과 인접해 있는 전주 남부시장의 경우 낮에는 재래시장의 기능을, 밤에는 지역의 젊은 예술가들에 의해 야시장 역할을 했다. 야시장은 지역상인들과 관광객들에게 좋은 반응을 보이면서 청년몰이라는 장터로 재탄생하였다. 청년몰에 입점한 보따리단과 이들을 지원한 사회적기업 이음, 그리고 시장의 재생을 원한 남부시장 상인번영회 등 다양한 주체들이 함께 노력한 결과였다. 이들은 10여년이라는 짧지 않은 기간 동안 우여곡절을 겪으며, 버려진 공간을 청년몰로 재탄생시켰다. 현재 33개의 이색적인 가게가 입점해 있는 청년몰은 한옥마을과 더불어 전주의 손꼽히는 관광명소가 됐다. 이러한 변화를 이끌어낸 힘은 다름 아닌 '협동의 리더십'이었다.[17*]

### 2) 문화 특성화 요소

한옥마을에 한옥에 밀집되기 시작한 것은 1930년대 전후로, 전주천에 제방이 제대로 마련되지 않아 전주천이 범람하여 일본인들이 잘 찾지 않는 교동과 풍남동 일대에 조선인들이 모여들었다. 그리고 조선인들은 경기전, 오목대 등 조선시대 왕조의 본향임을 상징하는 역사유적들이 있는 이 지역에 주거지를 형성해 사는 것을 일본에 대한 저항이라고 여겼다고 한다(이선희, 2011). 또한 이 시기 신흥부호와 기업가들은 근대식 건축기술을 바탕으로 전통 한식과 근대 일본식이 교묘하게 혼합된 한옥을 건축하였다.

16* 이선희(2011), 이근영(2014) 참조

17* 입점 못해서 안달, 전주 남부시장의 놀라운 변신 http://www.ohmynews.com/NWS_Web/View/at_pg.aspx?CNTN_CD=A0002094394

현재와 같은 한옥밀집지역 형성은 1960년대까지 활발하게 이루어진 한옥 건축에 힘입을 것으로, 양옥과 아파트 등의 신 주거형태의 등장과 한옥보존논의가 본격화되기 이전까지 만들어진 결과물이다.

도청소재지로 교통, 교육, 행정의 중심지였던 전주시는 도시로 몰리는 인근 지역 주민으로 말미암아 극심한 주택부족문제를 겪게 되었다. 이를 해결하기 위해 1960년대 후반부터 전주 외곽지역을 대상으로 토지구획과 택지개발 등 도시개발사업이 진행된 반면, 한옥마을은 1970년 행정 명령으로 교동, 풍남동 일대의 신축에 대해 한옥만을 허가하면서 한옥보존정책이 시작되었다.
1977년 한옥보존지구로 지정은 '한옥 외에 다른 건물을 짓는 게 어렵다'는 정책적 규제를 내포하고 있다. 재건축을 할 수 없는 풍남동 주민들은 법망을 피해 최소한의 비용으로 개보수를 하게 되는데, 이 과정에서 슬레이트와 양철 등을 활용하여 전통한옥의 훼손을 가져온다. 또한 조례에 의한 규제사항에 맞추어 집을 개보수하는 데에는 거액이 들어감에도 개보수 비용을 전액 자신이 감당해야 하는 주민의 불만이 상당했고, 양옥이 유행하면서 한옥을 다룰 수 있는 전문기술자를 찾는 것도 점점 어려워졌다.

1980년대 들어 전주시는 한옥마을 미관 보존 정책을 마련했으나 주민 주거환경 정비에는 소홀하여 주민들의 심한 반발을 야기했다. 1990년대 중반까지 한옥마을의 보존정책이 아름다운 한옥마을의 경관 보존만을 중시하면서 주민주거환경 개선을 위한 대안은 제시되지 않은 채 관광지 조성만이 논의되면서 주민과 합의점을 찾지 못하고 무산되는 일이 반복되었다.

한옥마을에 변화가 일기 시작한 것은 1990년대 후반부터이다. 서구에서 시작된 문화도시에 대한 관심과 지방자치제 결과 문화관광산업을 중심으로 한 도시별 생존경쟁이 치열해졌으며, 전주시 또한 1990년대 후반부터 전통의 현대적 계승을 앞세워 전통문화도시화전략을 펼치게 된다. 건축학계에서는 다른 지역의 도시한옥군이 상당 부분 훼손된 데 반해 전주는 보존상태가 양호하니 이를 국내 유일의 도시한옥군으로 보존해야 한다고 주장하였으며, 문화전문가와 일반 시민들 사이에서도 한옥마을을 지속적으로 보전하여 전통문화를 상징하는 도시의 자랑거리로 개발시키자는 여론이 일었다.

특히, 한옥마을 개발은 1996년에 한국이 2002년 월드컵 개최지로 선정되고 전주가 포함되면서 커다란 변화의 계기를 맞게 된다. 전주는 역사 유적지가 도심 내 존재하며, 한국의 전통문화가 생생하게 살아있는 곳으로 수준 높은 문화월드컵의 면모를 보일 수 있다는 면에서 주목받았다.

월드컵 개최 이후 한옥마을의 대외 인지도는 높아졌고, 전주한옥마을은 전주시의 도시이미지와 전통적 문화를 상징하는 공간이 되었다. 그러나 지속적으로 관광객을 유입하기에는 부족한 점이 많다고 판단하여 한옥마을 조성사업과 전통생활문화 체험 관광 상품화를 위한 문화시설 건립 등을 추진해 나가기 시작했다.

전주는 경기전, 오목대, 향교, 풍남문 등 조선시대 건축물과 1914년 서양식 근대건축인 전동성당 등이 있었고, 동문거리, 남문시장, 동부시장 등 상권이 인접해 있었다. 그러나 실제로 전주가 내세우는 판소리, 음악, 역사 등은 무형의 것에 더 가까울 뿐 관광객을 수용하고, 전주가 가진 전통적 도시이미지를 보여줄 상징공간은 딱히 존재하지 않았다.

3) 비전 및 정책적 요소

특별히 보여줄 '(먹, 볼, 놀)거리'가 없었던 전주시는 '유형'의 한옥마을을 전통문화의 상징적 공간으로 조성해 월드컵을 통해 유입된 관광객의 요구를 충족시키고자, 기존의 문화자원을 활용한 전통문화도시로 변화시키기 시작했다.

전주시는 한옥마을 보존(保存)을 넘어 전통문화자원으로 개발해 보전(保全)의 정책 방향을 정하고 1999년 '전통문화특구 기본 및 사업계획'을 수립한다. 이 계획으로 태조로를 현재와 같은 모습으로 확장하였고, '공예품전시관', '명품관', '전통문화센터', '한옥생활체험관', '전통술박물관' 등의 관립문화시설을 건립하여 월드컵을 개최한다.

전주시는 이에 그치지 않고 지속적인 관광객의 유입을 위해 2002년 전주시 한옥보전지원조례가 제정되면서 '한옥지구', '전통문화지역', '전통문화특구', '전통문화구역' 등 제각각으로 불리던 이곳을 '전주한옥마을'로 최종 확정하면서 '전주한옥마을'은 대중적인 관광명소로 안착한다. 또한 2003년 전통문화구역지구단위계획이 공포되어 전통한옥지구, 태조로지구, 은행로지구, 향교지구, 전통문화지구로 확정된다.

전주시장의 주도 하에 2005년 10월 "전주전통문화중심도시" 선언이 이루어진 후, 한옥마을 개발이 급물결을 타기 시작하였다. 2006년 국토연구원의 '전주 전통문화도시 타당성 조사 및 기본계획'을 통해 확보된 정부예산 160억 원은 모두 2008년 한옥마을 내 3대 문화관(부채, 판소리, 한지) 및 전통한옥 조성, 경관 조성사업을 위해 투자되었다.

그리고 문화유산과 인적자원이 결합한 공예 명품길은 전통문화 예술 공간에 젊은 예술가 집단이 정착해 다양한 상품과 체험 프로그램을 운영하고 있다. 또한 풍남동 일대에서 활동했던 유생들의 삶과 학문을 적극적으로 개발해 '선비의 길'을 조성하기도 하였다.

4) 안산에 주는 시사점

지역은 주민들의 삶의 공간으로서 경제, 문화, 생활공동체가 되어야 한다. 현재의 한옥마을이 되기까지는 주민들과 행정의 많은 갈등과 노력이 함께 있었지만, 삶의 공간이 아닌 박제화 된 관광지가 되어버린 비판을 받을 수밖에 없다. 따라서 다문화도시 안산은 관광지로서의 기능이 아닌 주민의 삶의 질을 높일 수 있는 정책 방향과 지역공동체 회복을 위한 노력이 우선되어야 할 것이다.

또한 남부시장과 같은 새로운 그룹을 유입할 수 있는 노력이 있어야 할 것으로 보인다. 문화예술인들의 레지던시 프로그램, 사회적경제와 청년 일자리 창출의 결합과 같이 새로운 움직임이 필요할 것이다. 주민들은 일시적인 사업을 하고 치고 빠지는 사업에 대한 불신이 있으므로 신뢰와 소통을 위한 시간과 노력이 있어야 한다.

마지막으로 반월공단 개발로 사실상 전통문화유산이 상당부분 유실된 상태이다. 하지만 일부 남아 있는 전통문화유산과 현재 존재하는 문화유산을 연결하고 스토리텔링화하여 전통문화콘텐츠 개발이 가능할 것으로 보인다.

## 4. 소결

첫째, 지역주민들의 건강한 공동체가 필요하다. 지역은 중앙정부나 지방정부의 정책보다는 경제적 흐름에 의해 변화되는 경향이 강하다. 이러한 변화에 대응하기 위한 기존 주민들의 지역공동체가 필수적이다.

둘째, 지역사회 주민의 의견이 반영될 수 있도록 하는 시간과 노력이 필요할 것이다. 지방정부가 문화적인 측면을 활용하여 관광자원이나 도시이미지 개선을 하고 있는데, 이러한 정책은 지역 공동체의 이해관계를 반영하고 장기적으로 지역사회 공동체를 유지하는 방향에 부합하도록 추진되어야 한다.

셋째, 문화예술인들의 레지던시 프로그램, 사회적경제와 청년 일자리 창출의 결합과 같은 새로운 움직임이 필요하다. 지역 경제 활성화를 위해서는 이주민과 더불어 다양한 분야의 문화예술인들과 새로운 계층의 유입도 함께 이루어져야 할 것이다. 단, 주민들은 일시적인 사업을 하고 치고 빠지는 사업에 대한 불신이 있으므로 신뢰와 소통을 위한 노력이 우선되어야 한다.

마지막으로 반월공단 개발로 사실상 전통문화유산이 상당부분 유실된 상태이다. 하지만 일부 남아 있는 전통문화유산과 현재 존재하는 문화유산을 연결하고 스토리텔링화하여 전통문화콘텐츠 개발이 가능할 것으로 보인다.

# Ⅵ. 안산 다문화도시 클러스터 조성 및 행정전략

본 장에서는 앞에서 고찰한 내용을 바탕으로 안산 다문화도시 클러스터 형성을 위한 행정 전략 방향을 제시한다. 행정 전략 방향을 바탕으로 세부계획(안)과 이의 실현을 위한 제도 개선 및 예산 확보 방안을 간략히 제시한다.

## 1. 행정전략 방향

### 1) 행정전략 및 세부계획 수립 시 고려 사항

안산 '다문화도시 클러스터'란 "다문화적 요소가 자기 조직적으로 상호작용하는 생산 • 유통 • 소비의 지리적 집합체"로 규정했다. 이와 같은 규정에 따르면 안산 다문화도시 클러스터는 기본적으로 다문화적 요소가 바탕이 되어야 한다. 여기서 '다문화적 요소'란 '문화 • 예술뿐 아니라 상업 및 산업적 요소를 포함한 일상생활의 모든 영역'으로 넓게 규정한 바 있다.

그러나 다문화적 요소는 다문화도시 클러스터 형성 과정에서 강점이 될 수 있는 요소와 약점이 될 수 있는 요소로 나누어볼 수 있다. 향후 다문화도시 클러스터 구축 과정에서는 다문화적 요소의 강점과 약점을 파악해 행정전략 및 세부계획 수립 시 이를 반영해야 한다. 다문화도시 클러스터 형성을 위한 연구대상 지역인 원곡 – 신길 – 초지동 일대의 강점과 약점을 SWOT표로 요약해 제시하면 다음과 같다.

〈표 Ⅵ-1〉 연구대상 지역의 SWOT 분석

| 구분 | 강점 (S) | 약점 (W) |
|---|---|---|
| 주민통합적 요소 | ㅣ과거 주민과 이주민의 지역공동체 형성 경험 | ㅣ주차문제, 쓰레기 문제 등 취약한 기초질서<br>ㅣ범죄문제, 선입관, 편견 같은 부정적 시선과 이미지<br>ㅣ연구대상 지역 기반의 자발적 지역공동체 취약 |
| 다문화 도시 특성화 요소 | ㅣ다문화특구, 국경없는마을 등 다문화도시 클러스터 형성을 위한 기초 토대 보유<br>ㅣ다양한 전국 최고의 다문화 지원 기관 및 행정서비스 | ㅣ교육 · 문화 등의 인프라와 관련 프로그램 부족<br>ㅣ주민과 '다문화' 소통 미흡<br>ㅣ종교단체 중심의 이주민지원 활동 |
| 비전 및 정책적 요소 | ㅣ화랑저수지, 시화호, 대부도, 습지공원 등 다양한 주변 생태관광자원<br>ㅣ주변 대규모 국가단지로 반월, 시화공단은 한국 성장의 결과물로 관광자원화 가능 | ㅣ주변 국가산업단지의 노후화와 영세화로 인한 지역<br>ㅣ주민 영세화 및 지역 경제 침체<br>ㅣ신 · 구도시의 불균형 |

| 구분 | 기회 (O) | 위기 (T) |
|---|---|---|
| 주민통합적 요소 | \| 외국인 노동자 집중거주의 일상적 다문화성<br>\| 이주민 2세대 성장과 지역공동체 참여 가능성 | \| 중국동포 편중현상과 지역 이주민 구성비 변화<br>\| 주민의 반다문화 정서 확대와 소외의식<br>\| 시민들의 상호문화교류 부족 |
| 다문화 도시 특성화 요소 | \| 다양한 유형의 이주민 상가와 상권<br>\| 전국의 외국인 노동자 집결 허브 지역 | \| 중도입국자녀 증가로 일탈문제 발생 |
| 비전 및 정책적 요소 | \| 안산시의 관심과 지원 | \| 주거환경의 변화로 상가들의 지속적 감소<br>\| 지역경제 침체<br>\| 노동인구의 노령화 현상으로 지역 부담 |

연구대상 지역의 약점과 강점, 그리고 위기적 요소와 기회적 요소를 고려해 세부계획 수립 시 반영되어야 할 주요 내용을 요약하면 다음과 표와 같다. 표의 주요 내용은 면접조사 과정에서 나온 내용을 바탕으로 도출된 내용으로 연구모델에 따라 크게 세 가지 범주로 구분한 것이다.

〈표 Ⅵ-2〉 세부계획 수립시 고려사항

| 구분 | 주요내용 |
|---|---|
| 주민통합적 요소 | \| 지역 공동체성 회복과 민 – 관 신뢰 구축<br>\| 지역 변화의 필요성과 비전 공유<br>\| 다문화도시 클러스터 조성을 위한 계획과 주민 참여 방안 마련<br>\| 형식적이 아닌 실질적 거버넌스 체계 구축 |
| 다문화 도시 특성화 요소 | \| 상징 및 시설공간 확보: 다문화국제센터 / 박물관 / 문화관 등<br>\| 구획정리 필요성: 무분별한 상업시설과 주변 환경 정리<br>\| 여유공간 재정리 및 활성화: 주민, 방문객(관광객) 등의 휴식 및 여유 공간 부족<br>(공원, 방치된 안산역 인근, 녹지 등, 실개천 쪽 산보거리 ⋯ 산책로 등 재정리)<br>\| 기타 다문화 도시의 상징성 구축:<br>상징적 요소와 디자인적 요소를 고려한 거리 안내 표지판 등의 재정비 |
| 비전 및 정책적 요소 | \| 지역 주민 요구 수렴을 통한 공유 비전 수립<br>\| 지역 주민이 소외된 이주민 중심의 기존 프로그램 극복<br>\| 방문객 또는 관광객이 체험하고 참여할 수 있는 대표적 프로그램 필요<br>\| 지역 특색을 살리기 위한 제도적 보완: 다문화 특구 지정 이외, 지역 특성을 살리고 유지할 수 있는<br>\| 실질적 내용 마련 (예: 상가 규제, 건축 규제 등) |

첫 번째 범주의 영역인 '주민통합적 요소'는 지역 공동체성 회복과 실질적 지역 거버넌스 구축을 위해 가장 선행적으로 고려되고 해결되어야 할 요소다. 이는 인적 기반의 인프라라고도 할 수 있으며, 주요 내용은 지역 변화의 필요성과 비전을 지역 구성 주체가 공유하고 현재와 같은 시민사회 내 불신뿐 아니라 민 – 관 간 불신을 극복하고 지역 통합과 공동체성을 회복하는 것을 의미한다.

이러한 지역 주민 통합과 공동체 구축 없이 다문화도시 클러스터 조성의 성공적 사업 진행을 기대하기는 어렵다. 특히 클러스터 형성은 지역 자원을 활용한 지역 구성원과의 연대 속에서 성공적으로 이루어질 수 있기 때문에 지역 주민통합과 공동체성 회복은 필수적이다. 이는 형식적이 아닌 실질적 주민 참여 거버넌스 구축의 필요성을 의미한다.

두 번째 범주인 '다문화도시 특성화 요소' 영역은 다문화 특성화를 위한 하드웨어 및 유 · 무형의 인프라 영역이라 할 수 있다. 이러한 영역은 다문화도시 클러스터 형성시 핵심적인 상징공간이나 장소를 의미하기도 한다. 그러나 연구대상 지역에는 다문화도시 클러스터를 형성하기 위한 상징 공간이나 장소가 부족하다. 구체적으로는 다문화적 요소를 보여줄 수 있는 다문화 박물관이나 문화관 등을 들 수 있으며, 향후 이러한 상징적이면서도 핵심적인 공간을 구축할 필요가 있다. 상징적 공간 구축과 함께 운영에 있어 한국인 주민과 이주민 등이 함께 꾸미고 참여하는 과정의 설계가 필요하다.

이외 무분별한 상업시설과 주변 환경을 정리하고 지역 특색을 살릴 수 있도록 디자인적 요소를 고려한 거리 조성 등을 통해 지역 주민의 주거 여건 개선뿐 아니라 외부 방문객 방문시 청결한 환경과 이용이 편리한 환경을 조성할 필요가 있다.

세 번째 범주인 '비전 및 정책적 요소'의 영역은 전략적 상을 제시할 수 있는 미래 비전과 이의 실천을 위한 정책과 행정 지원이라는 소프트웨어적 또는 제도적 영역이라 할 수 있다. 이 영역은 첫 번째 범주의 하드웨어 및 유무형의 자원을 활용해 지역 주민이 소외되지 않고 참여할 수 있는 정책과 행정지원을 의미한다. 연구과정에서는 현재 연구대상 지역 다문화 관련 정책과 행정은 지역 주민이 소외된 이주민 중심 사업이라고 주민들은 평가하고 있음을 발견할 수 있었다. 그리고 방문객들이 체험하거나 배울 수 있는 프로그램이 적고, 다문화 특구 지정 이외의 지역 특성을 살리고 유지할 수 있는 제도의 실질적 내용이 없다는 문제점을 지적하고 있음을 확인할 수 있었다. 이와 같은 정책적 지원 및 제도적 보완 은 다문화도시 클러스터 구축 과정에서 지역 주민의 참여를 유도하고 주민통합형 공동체를 건설하는 주요 유인이 될 수 있다.

위와 같은 세 범주 영역의 내용은 상호 융합적으로 작용하며 다문화도시 클러스터 구축 단계에 따라 각 시기별로 부각되는 문제들을 해결해야 할 것이다.

2) 행정전략의 기본 방향

안산 다문화도시 클러스터 형성을 위한 행정전략의 기본 방향은 다문화도시의 정체성과 주민들의 소속감 창출, 통합적이고 민주적인 공공영역 창출, 삶의 질에 대한 기대를 높인다는 측면이 먼저 고려되어야 한다. 이러한 기본 방향은 도시발전 전략으로서 문화전략모형 중 '주민통합' 모형을 기본적으로 추구함을 이론적 검토 과정에서 살펴본 바 있다. 기본 방향 설정 과정에서 주민통합 모형을 기본으로 하되 문화산업적 측면에서 다문화라는 지역 특성화를 강화하는 방향과 선전주의적 요소인 비전을 공유하고 알리기 위한 비전 공유 및 정책 방향을 고려할 필요가 있다.

기본 방향 설정을 위한 이론적 토대를 바탕으로 주민통합형 다문화도시 클러스터 구축의 행정 전략 방향을 제시하면 다음과 같이 3단계로 나누어 볼 수 있다.

[그림 Ⅵ-1] 안산 다문화도시 클러스터 구축 전략

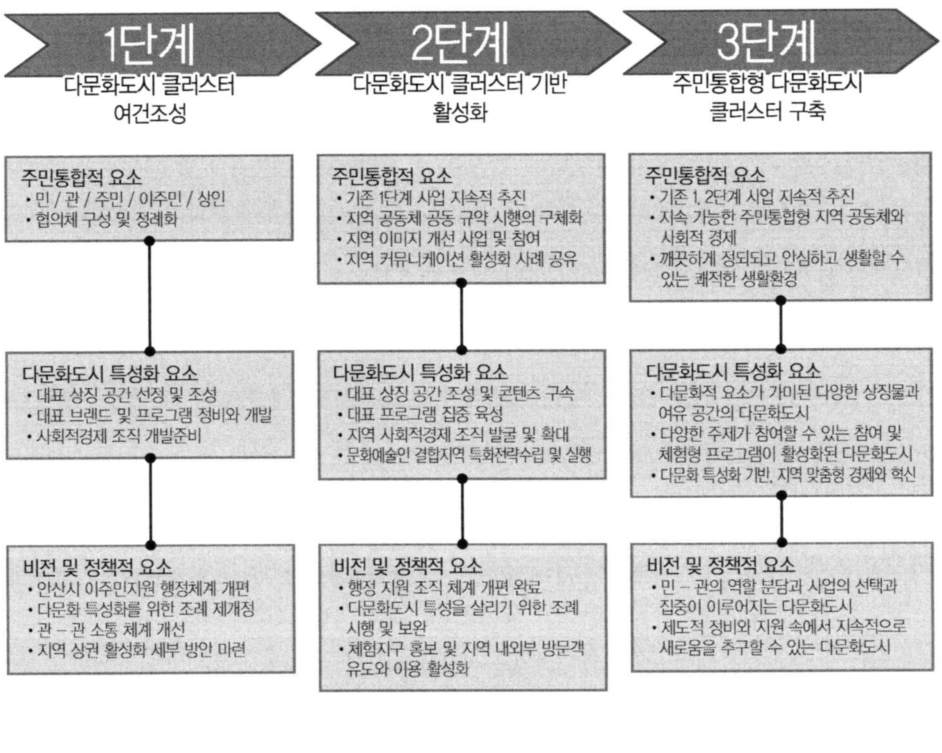

먼저 안산 다문화도시 클러스터 형성 여건 조성이라는 1단계를 거치고, 이를 바탕으로 2단계에서는 다문화도시 지역공동체 건설과 다문화 특성화지구 형성이라는 다문화도시 클러스터 기반을 활성화 시키는 단계를 거치게 된다. 3단계에 구축되는 '주민통합형 다문화도시 클러스터'는 자발적이고 참여적인 주민공동체에 의해 다문화 체험지구가 형성되고 지속적으로 유지 • 운영되며 지역 경제를 활성화시키고 대내 • 외적 이미지를 제고하는 단계다. 즉, 자발적이고 참여적인 주민공동체에 의해 주민들의 소속감을 갖고 민주적인 공공영역으로 다문화 체험지구를 구축함으로서 경제 활성화와 삶의 질에 대한 기대를 높이는 것이다.

이와 같은 행정전략 방향이 성공적으로 이루어지기 위해서는 각 단계별 세부 실행 사업 계획이 수립되어야 하고, 세부 계획 실행을 위한 각 단계별 참여 주체의 역량이 강화되고 각각의 역할이 명확히 설정되어야 하며, 각 참여주체의 역할 분담 속에서 상호 신뢰와 협력 관계를 구축되어야 한다. 즉, 다문화도시 클러스터 구축을 위해서는 기본적으로 세부 계획안이 필요하고, 이를 시행할 역량 있는 주민공동체와 실행 거버넌스 구축이 필수적이다.

다음에서는 다문화도시 클러스터 구축을 위한 각 단계별 세부 사업 계획안과 콘텐츠 구축 방향, 그리고 자발적인 주민 공동체 구축을 위한 실행 거버넌스 구축 방안을 제시할 것이다.

## 2. 안산 다문화도시 클러스터 구축 세부계획(안)

앞에서 살펴본 행정 전략 및 세부계획 수립시 고려 사항을 반영, 각 단계별 세부계획(안)을 도표로 제시하면 다음과 같이 3단계로 나누어 제시할 수 있다.

1단계는 다문화도시 클러스터 형성 여건 조성 단계로 다문화도시 클러스터 구축을 위한 물적 • 인적 또는 하드웨어적이고 소프트웨어적인 기반을 구축하는 단계라 할 수 있다. 2단계는 1단계에서 구축된 기반을 바탕으로 다문화도시 클러스터가 활성화될 수 있도록 다문화도시 지역공동체를 강화하는 한편 다문화도시 클러스터 지구를 형성하고 다양한 지역 프로그램 등을 통해 내용적 틀을 잡고 기반을 다지는 시기라 할 수 있다. 마지막 3단계는 1단계와 2단계 과정을 거치면서 지속 가능한 주민통합형 사회적경제 공동체를 구축하는 단계다. 이 단계에서는 지역 주민의 생활 여건을 개선함과 동시에 지역경제를 활성화시키고 대내외적으로 지역 이미지를 개선해서 외부 지역의 방문객도 증가시키는 단계다.

〈표 Ⅵ-3〉 안산 다문화도시 클러스터 구축 세부계획(안)

| 구분 | 주요내용 |
|---|---|
| 1단계<br>다문화도시<br>클러스터<br>형성<br>여건 조성 | ㅣ지역 공동체성 회복과 다문화도시 클러스터 형성 네트워크 구축<br>ㅣ지역 주민 요구반영, 다문화도시 클러스터 구축 방향 제시<br>ㅣ클러스터 형성 핵심 장소 발굴 및 개발과 물적 인프라 구축<br>ㅣ제도적 여건 및 행정서비스 정비<br>ㅣ연관 주변 자원 활용, 지역의 대표적 프로그램 개발 및 강화<br>→ 지역 예술인 레지던시 프로그램 및 지역 프로그램 연계 계획<br>→ 지역 사회적경제 기반 구축 계획 |
| 2단계<br>다문화도시<br>클러스터<br>기반 활성화<br>구축 | ㅣ다문화도시 지역공동체 강화 및 활성화<br>→ 자발적・참여적 주민공동체 활성화<br>→ 지역 커뮤니케이션 활성화<br>ㅣ다문화도시 클러스터 체험지구 형성 및 관련 프로그램 강화<br>→ 핵심 – 주변지역 연계, 대표적 체험 / 학습 프로그램 활성화 및 강화<br>→ 체험지구 홍보 및 지역 내외부 방문객 유도와 이용 활성화<br>→ 지역 사회적경제 조직 발굴 및 확대(지역 내 네트워크 구축) |
| 3단계<br>주민통합형<br>다문화도시<br>클러스터 | ㅣ자발적이고 참여적인 주민통합형 사회적경제 공동체<br>→ 다문화도시 클러스터 구축이라는 일을 통한 신뢰성 회복과 유지<br>→ 민관이 공동으로 지역 문제를 해결하고 지역 경제를 활성화시키는 지속 가능한 주민통합형 사회적경제 공동체<br>→ 사회적경제 생태계 구축 및 타 지역과 네트워크 구축<br>ㅣ지역 주민 생활여건 개선 및 지역경제 활성화<br>→ 정비된 거리와 다양한 다문화 공간 및 문화시설<br>→ 다문화적 특성이 어우러진 다문화 상권과 지역 경제 활성화<br>ㅣ대내외적 지역 이미지 개선 및 외부 지역 방문객 증대<br>→ 예술적이고 깨끗한 다문화도시 이미지<br>→ 안심하고 방문 또는 거주하고 싶은 다문화도시 |

그러나 이와 같은 단계는 세부계획 수립시 고려해야 할 세 가지 범주인 주민 통합적 요소, 다문화 특성화적 요소, 비전 및 행정적 요소의 영역들을 고려해 각 단계별로 세부 실행 계획(안)이 수립되어야 한다. 이에 따른 각 단계별 세부 실행계획(안)을 제시하면 다음과 같다.

1) 각 단계별 세부 실행계획(안)

(1) 1단계: 다문화도시 클러스터 형성 여건 조성

1단계는 다문화도시 클러스터 구성을 위한 여건을 조성하는 사업이 주를 이루게 된다. 세부 내용은 다음 표와 같이 세 영역으로 나누어 볼 수 있다.

〈표 Ⅵ-4〉 1단계: 다문화도시 클러스터 형성 여건 조성

| 구분 | 주요내용 |
|---|---|
| 주민 통합적 요소 | 1. 민 / 관 / 주민 / 이주민 / 상인 등 지역 협의체 구성 및 정례화<br>→ 지역문제 제기 및 해결방안 모색 (거리 무질서, 노점상, 쓰레기 문제)<br>→ 공동협약 논의 및 제정 (상점질서, 거리질서, 상점 선별적 유치)<br>→ 정기적인 식품위생 관리 감독 강화<br>→ 원곡동 내국인 의견 반영을 위한 민원제기 창구 마련<br>2. 주민과 이주민 마을공동사업 추진<br>→ 청소, 운동회, 문화제 등<br>3. 소통의 장 마련을 위한 100인 원탁테이블 구성 (어린이, 노인, 상인, 지역주민 등 참여 / 연 2회)<br>4. 지역 공동체 회복을 위한 연구와 지역공동체 재구축을 위한 세부 계획 수립<br>→ 지역공동체 약화 요인 및 문제점 발굴, 사례 분석 및 해결 방안 도출, 해결 정책 프로그램 시행 |
| 다문화 도시 특성화 요소 | 1. 대표 상징 공간 선정 및 조성 계획 수립 및 진행<br>→ 원곡본동주민센터 신길동 이전 세부계획 수립<br>→ 원곡본동주민센터를 다문화생활박물관으로 기능 전환 세부계획 수립 (복지 및 행정기관 아닌 시설)<br>→ 부부로 주차장 부지 확보 및 문화광장 조성 (주차장 + 문화광장 겸용)<br>→ 만남의 광장을 잔디문화공연광장으로 조성 및 대체시설 마련 (복지기관 내 대체시설 확보)<br>→ 안산역을 안산의 상징으로 재조성하고 문화광장으로 전환<br>→ 신길역사문화공원 문화재 등록<br>2. 대표 브랜드 및 프로그램 정비와 개발<br>→ 다문화특구 명칭 브랜딩: 국경없는마을 특구로 명칭 변경 및 브랜딩화 (안산시사 2권 참조)<br>→ 안산의 대표 축제나 행사 선별 작업 착수 및 신규사업 개발 / 집중 홍보<br>→ 관 중심 문화행사에서 민간단체나 이주공동체 중심 행사로 전환<br>→ 한국인 유치 위한 탐방 • 교육 프로그램 개발<br>3. 원곡동 사회적경제 조직체 출범 및 안산시사회적경제지원센터와 MOU체결<br>→ 교육체계 구축 및 사회적경제 조직 설립 지원<br>→ 사회적경제 조직 인큐베이팅 |
| 비전 및 정책적 요소 | 1. 외국인주민센터의 '과' 중심 행정체계에서 '국' 체계로 개편<br>→ 원곡동 중심의 다문화 행정 지원에서 안산시 이주민 밀집 지역 동으로 다문화 행정 범위 변화<br>→ 정책중심의 조직 체계 전환<br>→ 직영사업에서 지원사업 중심 전환<br>2. 원곡본동 다문화도시 특성을 살리기 위한 조례 제 • 개정<br>→ 특색있는 음식점 지원, 유해업소 규제, 지역협의체, 주차장, 사회적경제 조직 지원 등<br>3. 관 – 관 소통 체계 개선<br>→ 외국인주민센터와 이주민 밀집지역 동장과 정례회의 추진<br>4. 지역 상권 활성화 세부 방안 마련<br>→ 다문화 특성화 상가 활성화 및 지원 방안 수립<br>→ 지역 사회적경제 활성화 방안 수립<br>→ 한국인 유치 방안 수립 |

(2) 2단계: 다문화도시 클러스터 기반 활성화

2단계는 1단계 과정을 통해 다문화도시 클러스터 구성 여건을 바탕으로 핵심 사업에 대한 선택적 집중과 동시에 문제점을 발견하고 개선하는 단계라 할 수 있다. 1단계와 마찬가지로 2단계의 구체적인 세부 실행 내용을 제시하면 다음 표와 같이 세 영역으로 나누어 볼 수 있다.

〈표 Ⅵ-5〉 2단계: 다문화도시 클러스터 기반 활성화

| 구분 | | 주요내용 |
|---|---|---|
| 주민 통합적 요소 | 1단계 지속 사업 | 1. 민 / 관 / 주민 / 이주민 / 상인 등 지역 협의체 회의 정례화 및 지속적 추진<br>2. 주민과 이주민 마을공동사업 지속적 추진<br>3. 소통의 장 마련을 위한 100인 원탁테이블 정례화 및 지속적 추진 |
| | 2단계 확장 사업 | 1. 주민 참여 지역 협의체 활동 강화<br>→ 마을만들기, 마을기업, 협동조합, 사회적기업 등 사회적경제 활동 구축<br>2. 지역 공동체 공동 규약 시행의 구체화<br>→ 우수마을 공동체 탐방 / 문화도시 벤치마킹 / 정기적 마을 주민교육 실행 등<br>3. 지역 이미지 개선 사업<br>→ 상가 질서 위원회 구성<br>→ 문화예술 전문활동가 지역사회 사업 참여 개방<br>→ 사이버 국경없는마을 기자단 구성 및 활동(홍보)<br>→ 지역주민 다문화 교육 실시<br>→ 다문화해설사, 지역문화해설사 양성<br>4. 지역 커뮤니케이션 활성화를 위한 사례 및 성과 공유<br>→ 성과 사례 나눔 마당<br>→ 사례집 백서 제작 및 공유 |
| 다문화 도시 특성화 요소 | | 1. 대표 상징 공간 조성 및 콘텐츠 구축<br>→ 부부로 문화광장 및 만남의 광장: 지역 문화공연 활성화 / 상징물 설치 / 특화 문화공연 실시<br>→ 원곡본동주민센터 신길동 이전 실시<br>→ 원곡본동주민센터 이전 후 다문화생활박물관으로 전환 및 콘텐츠 조성<br>2. 대표 프로그램 집중 육성<br>→ 신길역사유적공원 • 안산역 • 원곡공원 • 사옹원 • 3.1운동거리 등 전통문화자원과 연계한 콘텐츠 개발<br>→ 원곡동 지역 역사문화 스토리텔링 개발 및 확대<br>→ 원곡동 지역을 중심으로 한 탐방코스 및 문화콘텐츠 개발 및 홍보<br>→ 원곡동 이외 안산시 다른 지역과 연계 특성화 전략 수립 및 시행: 안산구경 등과 연계되는 프로그램<br>3. 지역 사회적경제 조직 발굴 및 확대(지역 내 네트워크 구축)<br>→ 지역공동체를 위한 마을기업, 협동조합, 사회적기업 등 사회적경제 조직 아카데미, 컨설팅, 법률상담 지원<br>→ 지역공동체의 사회적경제 조직 인큐베이팅 활성화와 사회적경제 조직 간 멘토링<br>→ 사회적경제 조직에 대한 정부지원 및 정책자금 활용을 위한 교육 |

| 구분 | 주요내용 |
|---|---|
| 다문화 도시 특성화 요소 | 4. 문화예술인 결합 지역 특화 전략 수립 및 실행<br>→ 이주민 전통문화 공연단 선발 육성과 지원<br>→ 한국 전통문화공연단 발굴 육성(전통 춤, 노래, 구전동화)<br>→ 문화예술인 지역 거주 활동 지원 프로그램 개발<br>→ 전국다문화예술인장터(부부로 활용) 개최 및 대표 브랜드화<br>→ 시끌북적 축제 활성화 및 대표 브랜드화 |
| 비전 및 정책적 요소 | 1. 행정 지원 조직 체계 개편 완료<br>→ 직영사업에서 지원사업 중심으로 전환<br>→ 이주민 밀집지역 동장 및 주민자치위원과 정례 모임<br>→ 다문화도시 클러스터 혁신을 위한 정량적 · 정성적 평가 지표 개발<br>2. 다문화도시 특성을 살리기 위한 조례 시행 및 보완<br>3. 체험지구 홍보 및 지역 내외부 방문객 유도와 이용 활성화<br>→ 마을 문화공동체 사례 발굴 및 탐방 연구조사<br>→ 다문화도시 안산 브랜딩 홍보(학생, 성인 등 다문화 체험 방문객 유치) |

(3) 3단계: 주민통합형 다문화도시 클러스터 활성화

3단계는 다문화도시 클러스터가 구축되고 틀을 잡은 가운데 활성화되어 지역 내 주민통합과 함께 지역 경제를 활성화시키는 단계다. 세부 실행 내용을 제시하면 다음 표와 같다.

〈표 Ⅵ-6〉 3단계: 주민통합형 다문화도시 클러스터 구축

<table>
<tr><th colspan="2">구분</th><th>주요내용</th></tr>
<tr><td rowspan="2">주민<br>통합적<br>요소</td><td>1, 2단계<br>지속<br>사업</td><td>1. 민 / 관 / 주민 / 이주민 / 상인 등 지역 협의체 회의 정례화 및 지속적 추진<br>2. 주민과 이주민 마을공동사업 지속적 추진<br>3. 소통의 장 마련을 위한 100인 원탁테이블 정례화 및 지속적 추진</td></tr>
<tr><td>3단계<br>확장<br>사업</td><td>1. 지속가능한 주민통합형 지역공동체와 사회적경제의 다문화도시<br>→ 실질적인 마을신문, 지역뉴스레터 등 지역사회 소통 매체 개발과 활성화<br>→ 주민이 주체가 되어 지역의 사회적 문제를 제기하고 사회적경제 네트워크가 상호 협력해 지역의 사회적 문제를 해결하고 자원을 공유하는 사회적경제 생태계 작동 프로세스 구축<br>2. 깨끗하게 정비되고 안심하고 생활할 수 있는 쾌적한 생활환경의 다문화도시<br>→ 민 / 관 / 주민 / 이주민 / 상인 등 지역 협의체가 공동으로 '청결', '안전', '안심' 캠페인과 관련 사업 공동 추진</td></tr>
<tr><td>다문화<br>도시<br>특성화<br>요소</td><td colspan="2">1. 다문화적 요소가 가미된 다양한 상징물과 여유 공간이 어우러진 다문화도시<br>→ 탐방객을 위한 게스트하우스 등 숙박시설 확보<br>→ 원곡동 지역 방문자를 위한 화랑유원지 캠핑촌 활용방안 제시<br>→ 원곡동 이외 지역의 작은 문화공연장 마련 지원<br><br>2. 다양한 주체가 참여할 수 있는 참여 및 체험형 프로그램이 활성화된 다문화도시<br>→ 방학기간 통한 학생 체험교육프로그램 적극 유치: 여름기간동안 지역방문자 위한 부부로 텐트촌<br>→ 원곡동 배경으로 다문화 인권 감수성 체험과정 개발 및 시행<br>→ 현재 다문화홍보학습관을 한국문화 전수관으로 전환, 이주민에 대한 한국문화 교육 및 전수<br>→ 한국이민학회, 다문화학회, 문화인류학회 등 학술대회 유치를 통한 지역의 학술적 가치 함양<br>→ 세계여성의 날 기념 여성대회 등 다문화 관련 전국단위 행사 유치<br>→ 다문화 특성화 기반 다문화 공동체 교육 교재 개발<br><br>3. 다문화 특성화 기반, 지역맞춤형 경제가 활성화되고 지속적 혁신이 이루어지는 다문화도시<br>→ 다양한 다문화 음식점들의 스토리텔링 개발과 스토리 연계 음식점 탐방 프로그램 개발<br>→ 사회적경제 공공 • 상호거래 활성화와 지역 사회적기업 시민장터 운영<br>→ 지역 특성화 상품 생산 및 유통 체계 구축<br>→ 지역 문화를 배경으로 하는 캐릭터 개발과 관련 문화상품 개발<br>→ 사회적경제 활성화를 위한 사이버 장터 개설</td></tr>
<tr><td>비전<br>및<br>정책적<br>요소</td><td colspan="2">1. 민 – 관의 역할 분담과 사업의 선택과 집중이 이루어지는 다문화도시<br>→ 다문화 특성화 지역 주체로서의 주민과 이주민, 자치단위로서의 국경없는마을 위상 확보<br><br>2. 제도적 정비와 지원 속에서 지속적으로 새로움을 추구할 수 있는 다문화도시<br>→ 다문화도시 클러스터 혁신을 위한 정량적 · 정성적 평가와 혁신 전략 수립<br>→ 안산시 이외의 타 도시 연계 전략 수립 및 시행: 안산구경 등과 연계되는 특성화 프로그램 확대<br>→ 다문화도시 클러스터 구축 경험을 바탕으로 적용 가능한 지역별–단계별 다문화 특성화 정책 모델 개발 및 공유<br>→ 이주민 밀집지역 주민통합을 위한 공무원 • 교사 지역 연수</td></tr>
</table>

이상 제시한 각 단계별 세부 실행계획(안)은 기본틀에 대한 제안으로 향후 실행 과정에서 주민공청회 등의 과정을 통해 보완되고 수정될 필요가 있다. 다만, 이러한 주민공청회 등을 위한 각 단계별 사업 내용과 제안이라는 기본 청사진은  미리 준비하고 제시될 필요가 있다.

또한 향후 다문화도시 클러스터의 콘텐츠를 어떻게 구축하고 활용할 것인지에 대한 기본방향과 전략도 사전에 준비해 논의할 필요가 있다. 그리고 성공적 사업 시행을 위한 모니터링과 평가를 어떻게 할 것인가에 대한 정성적이고 정량적 평가 기준도 준비하고 실행될 필요가 있다.

2) 안산 다문화도시 클러스터 콘텐츠 구축 방향

안산이라는 다문화도시를 방문해 체험하고 학습할 수 있는 계기를 마련하기 위해서는 지역의 특성을 살릴 수 있는 콘텐츠 전략이 필요하다. 콘텐츠 구축 전략으로 다문화 특성화 지역이라는 장소 브랜딩 전략과 특성화 지역의 영역적 시스템 구축이라는 전략을 제시하면 다음과 같다.

(1) 다문화도시 특성화 전략

다문화도시 특성화 전략으로는 장소 브랜딩을 살펴볼 수 있다. 장소 브랜딩은 어떤 장소가 보유하고 있는 여러 가치들 중에서 잠재력이 가장 큰 가치를 핵심 주제로 설정해 그것을 다양한 요소로 구체화하고 상징화시켜 결과적으로 장소의 이미지를 제고하고 장소의 가치를 높이는 것이다. 즉, 안산 다문화도시 클러스터 형성을 통해 안산 다문화도시 지역이 갖는 장소 자산의 가치를 높이고 지역 경제의 중심축이 되면서 지역 경제를 활성화시킬 수 있는 전략이 필요한 것이다.

장소 브랜딩에서 중요한 것은 장소에 부여된 의미와 가치, 그리고 브랜딩 방법이다. 장소 브랜딩은 개발 주체에 따라 범위와 운영 방법이 다양하게 구성될 수 있다. 이는 향후 장소 브랜딩 전략이 안산 다문화도시 클러스터 추진 과정의 이정표가 될 수 있음을 의미하기도 한다. 안산 다문화도시 지역이 갖는 장소의 상징성과 역사성에 관심을 두고, 지역 자체가 하나의 문화공간으로 전환되기 위한 장소 브랜딩을 개발하는 과정은 장소 자산의 발굴 및 상징적 이미지 구축, 상징 공간의 구축, 영역적 시스템 구축이라는 과정을 통해 이루어질 수 있다.

장소의 상징성에 초점을 맞춰 문화관광지 개발 과정은 장소 자산의 발굴 및 상징적 이미지 구축 – 상징 공간의 구축 – 영역적 시스템 구축 과정을 고려할 수 있다.

장소 자산의 발굴 및 상징적 이미지 구축은 장소 발굴 – 장소 이미지 포지셔닝 및 브랜드화 – 장소 이미지 홍보 과정을 거친다. 장소 자산 발굴은 다른 장소와의 차별성을 갖기 위한 노력으로 볼 수 있는데, 발굴된 장소 자산은 상징적 이미지를 구축하는 과정을 통해 브랜드 파워를 갖게 됨으로써 고유한 위치를 갖게 된다. 이 과정은 축제, 구전, 미디어 등의 수단을 통해 홍보되며 방문객에게 더욱 가깝게 다가갈 수 있다. 상징 공간의 구축 과정은 장소를 대표하는 이미지를 함축하는 건축물, 구조물, 공간 등을 구축함으로써 방문객의 체험을 유도하는 기능을 한다. 마지막으로 영역적 시스템 구축은 지역의 문화예술 활동 등과 문화산업이 관광활동과 밀접하게 결합되어 하나의 영역으로 작동되는 과정을 의미한다(이정훈, 2005).

이러한 장소 브랜딩을 통한 다문화 특성화 전략은 연구대상 지역이 다문화도시 클러스터를 형성하고 자생적인 지역 사회적경제 구축과 지역 경제 활성화 뿐 아니라 외부 방문객을 유인하는 다문화 공정여행 시스템이 구축될 수 있음을 의미한다. 그리고 연구대상 지역은 이미 '국경없는마을'이라는 차별적 장소 브랜드를 구축하고 있다. 문제는 이러한 장소 브랜드의 내용을 어떻게 구성하고 개발해 지역의 주민통합과 경제 활성화와 연계시키느냐 하는 점이다.

면접조사 과정에서는 지역 특성화를 위해 연구대상 지역이 행정적 의미의 '다문화특구'나 지역 구성원이 이질감을 느끼는 '다문화국제도시'와 같은 용어가 아닌 지역 정체성을 살릴 수 있고 통일성 있는 지역명 사용을 요구하고 있다. 그리고 연구대상 지역은 이미 '국경없는마을'이라는 차별적 지역 브랜드가 있다. 그러나 문제는 이를 살리지 못하고 지역 내 주체에 따라 서로 다른 지역명을 사용함으로써 지역의 인지도를 오히려 낮추고 있음을 확인할 수 있었다.

따라서 본 연구에서는 연구대상 지역의 '국경없는마을'이라는 명칭을 적극적으로 활용하고 지역의 장소 활용성을 높이는 방향의 장소 브랜딩 전략을 제시하고자 한다. 이는 다문화 특성화 지구 영역적 시스템 구축이라 할 수 있다.

(2) 다문화 특성화지구 영역적 시스템

안산 다문화도시의 주요 장소 활용 극대화를 위해 장소 브랜딩이라는 전략적 사고를 갖고 다문화 특성화지구 영역적 시스템 구축 방향을 도식화해 보면 다음 그림과 같다.

[그림 Ⅵ-2] 다문화 특성화지구 영역적 시스템

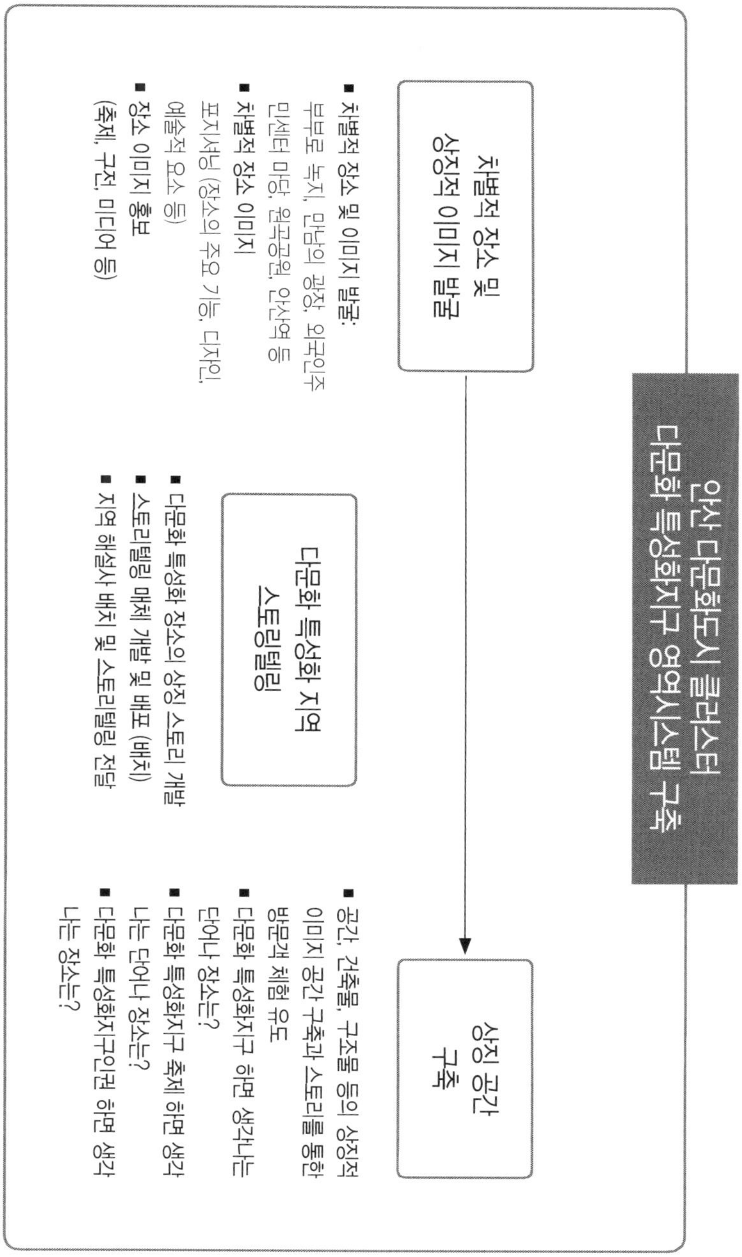

그림에서와 같이 다문화 특성화지구 영역적 시스템 구축을 위한 주요 장소는 안산 다문화도시의 역사성과 상징성을 살리는 차별적 장소를 중심으로 발굴되고, 장소가 갖는 이야기와 결합되어 장소의 상징성을 강화하고, 종국적으로 안산 다문화도시라는 공간 전체를 안산의 상징적 공간으로 전환시키는 과정이다. 이와 같은 과정은 지역 주체들 간의 네트워크, 특히 문화예술 활동 등과 결합되어 재미와 흥미를 유발하고 활성화될 수 있는 지역 영역의 협력 시스템 구축 속에서 이루어져야 한다.

① 장소 발굴 및 상징적 이미지 구축

장소브랜딩 과정에서 중요한 지점은 1차적으로 대상 장소를 발굴하고 다른 장소와 차별성을 갖는 이미지를 구축하는 과정이다. 그러나 연구대상 지역은 이미 '다문화 특구'로 지정되고 '국경없는마을'이라는 지역 브랜드명이 있음에도 정작 지역을 대표하는 상징적 공간이나 스토리가 부족한 현실이다. 이와 같은 상징적 공간이나 스토리 부족은 이미 면접조사 과정에서도 지적되었다. 그리고 막상 외부에서 방문해보면 체험하거나 볼 수 있는 것이 딱히 없고, 지역 주민들은 방문객들로부터 듣는 소리가 "볼 게 이것밖에 없냐?"는 반문 정도다.

따라서 향후 장소 발굴 및 상징적 이미지 구축 사업은 다문화도시 클러스터 구축 과정에서 중점적으로 시행해야 하는 사업 중 하나다. 본 연구에서는 이를 구체적으로 어떻게 구성할 것인지에 대해 장소 발굴의 스토리텔링과 상징 공간 구축이라는 측면에서 먼저 살펴본다. 그리고 현재 보유하고 있는 자원을 활용해 시행할 수 있는 정책 방안은 절을 달리해 '클러스터 여건 조성을 위한 여유 공간과 물적 인프라 활용 정책'에서 세부 기술한다.

② 장소 발굴의 스토리텔링과 상징 공간 구축

발굴된 장소가 차별성을 갖고 브랜드 이미지를 구축하기 위해서는 장소가 갖는 특성을 살릴 수 있는 내용이 필요하며, 이는 '스토리텔링'을 통해 구체화될 수 있다. 여기서 '스토리'는 줄거리가 있는 이야기를 의미하며 '텔링'은 매체에 맞는 표현 방법을 의미한다.

안산 다문화도시 클러스터 추진 과정에서 주요 장소는 역사적 사건이나 상징을 중심으로 스토리를 구성하고, 이러한 스토리가 모여 안산 다문화도시 클러스터 지역의 스토리를 창출해야 한다. 또한 스토리를 표현하는 방법, 즉 스토리텔링 매체는 안내책자, 지도, 표지판, 상징물, 진열물 등 다양한 방법을 통해 전달될 수 있어야 한다. 이는 스토리텔링은 주요 장소의 스토리를 구성하고, 방문객으로 하여금 스토리를 체험하고 안산 다문화도시 방문 후 구전 등을 통해 스토리를 강화하고 재방문을 유도하는 요인이 되어야 함을 의미한다.

스토리의 내용은 세부적인 장소 발굴 및 선정 이후 이루어질 수 있다. 그러나 장소가 갖는 스토리의 내용은 다음과 같이 장소가 갖는 물리적•환경적 요소, 인적•문화적 요소, 상대적 요소, 정서적•상징적 요소라는 네 가지 요소가 복합적 으로 결합되어 구성된다. 연구대상 지역이 갖는 네 가지 요소를 간략히 살펴보면 다음 표와 같다.

〈표 Ⅵ-7〉 장소의 구성요소와 스토리텔링

| 물리적•환경적 요소 | 인적•문화적 요소 |
|---|---|
| ㅣ경성요소, 특정 장소 내에 유형의 실체로 존재하는 물리적 요소<br>ex) 자연환경, 교통체계, 인프라, 역사유적 등<br><br>⋯› 연구대상 지역은 계획도시로 접근성이 편리하고 기존 역사 유적 등이 다수 존재. 그러나 문화적 인프라는 부족.<br>보유하고 있는 기존의 역사 유적지와 같은 경성적 요소의 활용이 낮고 다문화적 요소를 살릴 수 있는 인프라 부족. | ㅣ연성요소, 인간이 공간과 상호작용을 통해 만들어내는 무형의 요소들<br>ex) 생활양식, 역사, 문화, 인적자본, 제도 등<br><br>⋯› 안산의 다양한 국적의 이주민 그 자체가 인적이고 문화적 요소. 다문화특구 지정을 통한 제도적 지원 기반 존재.<br>그러나 이러한 연성적 요소를 적극 활용하고 연계시키는 프로그램 부족. |
| **상대적 요소** | **정서적•상징적 요소** |
| ㅣ장소 간 유동과 순환 등 장소간의 상호관계에 의한 특성에 의해 생성되는 요소<br>ex) 중심부와 주변부, 상권 등<br><br>⋯› 연구대상 지역은 상대적으로 접근과 이동이 용이한 지역임과 동시에 주변에 안산•시흥스마트허브 (반월•시화공단) 인접. 또한 연구대상 지역인 원곡본동을 중심으로 주변에 이주민 정주 공간과 재래시장, 대형마트 존재.<br>이외 주변 지역에 습지나 생태공원 같은 녹지 존재. | ㅣ인간이 장소를 인지하여 부여하게 되는 느낌과 정체감을 통해 생성되는 요소<br>ex) 장소감, 장소애착, 장소이미지 등<br><br>⋯› 연구대상 지역은 다문화나 이주민 지역이라는 이미지에 비해 범죄, 성매매 등과 관련된 부정적 이미지 존재. 이주민들은 정체감 보다 잠깐 머물다 가는 정류장 같은 장소라는 정체성. 주민들은 떠나고 싶은 장소의 이미지.<br>이러한 부정적 정서를 긍정적 정서로 바꾸는 과정 필요. |

이와 같은 요소를 고려해 구성된 스토리를 전달하는 방법, 즉, '텔링'의 방법은 다양하다. 주요 스토리 전달 매체에서 고려해야 할 지점을 살펴보고, 현재 연구대상 지역의 스토리텔링 매체의 방향을 제시하면 다음과 같다.

〈표 Ⅵ-8〉 주요 스토리텔링 매체 구성의 유의점과 과제

| 스토리텔링 매체 | 내용 |
|---|---|
| 관광가이드 | ㅣ관광가이드와 함께 도보 교통수단을 이용하여 장소 및 지역을 여행<br>ㅣ문화유산해설사, 관광통역사 등의 동반은 매우 효과적이면서 관광객과의 친밀감 형성 |
| | ▶ 국경없는마을에 대한 세부 소개 필요. 현재는 다문화특구 지도만 있는 상태. 관광 유형과 내용 소개가 없으며 문화해설사 양성 과정은 있으나 지역에서 활동할 수 있는 여건이 되지 않고 홍보도 되지 않고 있음 |
| 안내책자 | ㅣ정보 제공시 가장 쉽고 저렴하며 상세한 해설을 포함시킬 수 있으나, 안내책자의 내용은 해설계획의 주제를 담고 있어야 함<br>ㅣ관광지, 호텔, 레스토랑, 관광업체, 관광안내소 등에 비치 및 배포<br>ㅣ안내책자의 디자인, 문구 등을 고려해야 함 |
| | ▶ 관광가이드와 마찬가지로 안내책자 부재. 다만 외국인주민센터 홈페이지에 다문화 음식거리 조성에 대한 나열 정도<br>▶ 주요 인프라와 상징 장소 등에 대한 스토리 구성과 안내 필요 |
| 지도 탐방로 | ㅣ안내책자와 함께 혹은 따로 제공가능, 주변 명소 및 인근지역 관광지도 함께 표기<br>ㅣ표현형식 : 평면도, 개략도, 조망도, 상상도 등으로 작성할 수 있음<br>ㅣ도로 탐방로는 주 상업지구나 도시, 촌락 단위에서 사용할 수 있는 가장 적합한 해설  도구로 역사적 건축들의 역사, 산업, 관련 사회적 문제들도 해설되어야 함<br>ㅣ탐방로는 시작점, 총길이 등이 명확히 표기되어야 하며, 각각의 탐방로에 따라 종착점들을 정하고 구체적인 목표들을 개발(학습목표, 행동적 목표, 정서적 목표 등)<br>ㅣ셀프가이드 탐방로, 표지판 설치 탐방로, 음성 탐방로 등을 활용 |
| | ▶ 현재 '다문화특구' 국경없는마을 지도 외 탐방로와 탐방지 소개 내용 부재. 관련 내용 보완 필요 |
| 표지판 | ㅣ해설정보와 지도, 사진과 그래픽을 담을 수 있는 이차원적인 표지로 해설의 메시지 전달과 동시에 긍정적인 지역이미지 창출효과 제공<br>ㅣ상대적으로 설치가 저렴하고 디자인, 삽화와 문구, 훼손에 대한 대비 등이 요구됨 |
| | ▶ 국경없는마을 이미지를 살릴 수 있는 표지판 부재. 지역 이미지를 살릴 수 있는 단순하면서도 예술적인 표지판 필요<br>▶ 주요 인프라 및 공간, 거리 등에 대한 장소 표지판 조성 필요 (표지판이 안산 국경없는마을를 상징하는 상징물이 될 수 있는 디자인 필요) |

| 스토리텔링 매체 | 내용 |
|---|---|
| 상징물 | ㅣ주요 장소의 스토리를 전달할 수 있는 조형물을 상징화하여 설치<br>ㅣ예술적 미를 가미한 상징물 설치가 요구됨. 예술적 미가 가미되지 않은 조잡한 상징물은 다문화특구의 의의를 훼손할 수 있음<br>▶ 국경없는마을을 살릴 수 있는 차별적 상징물 조성 필요.<br>▶ 현재 다문화특구에 조성된 상징물 일부는 예술미가 부족한 조잡한 상징물이라는 평가. 하나를 만들더라도 예술적이고 상징적으로 조성할 필요 있음 |
| 진열장 / 진열대 | ㅣ이차원적인 사진이나 문구 전시, 삼차원적인 물품과 공예품 전시<br>ㅣ관리를 위한 주의가 요구되며, 보행로나 비상구 등을 막지 말아야 함<br>▶ 국경없는마을을 상징할 수 있는 외부 진열장 / 진열대 부재. 다만 상가에서 진열장 / 진열대 전시가 주를 이룸<br>▶ 관리 및 안전을 감안해 설치를 고려해볼 수 있음 |
| 축제 | ㅣ중요한 문화적 사건들의 기념을 목적으로 하며, 지역의 의례와 의식, 음식, 종교, 의복, 춤, 음악과 같은 문화유산을 함께 보여줌<br>▶ 국경없는마을 지역내 다양한 행사와 축제가 있으나 무질서하게 진행되는 상태임. 이에 대한 개선 방안 필요 |
| 공연 / 재현 프로그램 | ㅣ지역의 음악과 무용 공연 등을 통해 지역의 삶을 엿보는 기회 제공<br>ㅣ재현 프로그램이나 공연 등은 일상생활을 방해하지 않도록 조치가 취해져야 함<br>▶ 국경없는마을을 상징할 수 있는 공연 / 재현 프로그램 일부 존재. 그러나 전문성이 낮고 홍보 부족으로 인해 다수가 알지 못함. 향후전문성 강화를 위한 지원, 홍보나 축제 등과 연계를 통해 활성화하고 지역 공동체와 공유할 수 있는 방안 필요 |
| 시청과 해설 | ㅣ소리와 영상을 이용하여 관광객들에게 시청각 프로그램을 제공<br>ㅣ다른 매체들에 비해 고비용이 소요되는 단점이 있으나 몰입 기회 제공<br>▶ 지역에 대한 특정한 시청각 프로그램이나 해설 프로그램 부재 |
| 멀티 미디어 쇼 | ㅣ연극공연이나 특수효과 등을 통해 테마를 전달, 고비용으로 개발이 쉽지 않음. 단위의 관광객이나 단체여행객들을 위한 유치<br>▶ 지역내 멀티미디어 쇼를 할 수 있는 문화공간 부재 |
| 조명 / 음향효과 / 전시 | ㅣ경관이 좋은 곳에 청중들을 위한 스포트라이트를 비추거나 음악 등을 활용<br>▶ 지역 인프라 시설에 대한 조명 / 음향효과 등에 대한 고려 부재. 관련 시설의 활용성을 낮추는 요인 |

| 스토리텔링 매체 | 내용 |
|---|---|
| 인터넷 | ㅣ온라인을 통한 스토리텔링으로 한 디지털 스토리텔링, 스토리를 멀티미디어 작업으로 전환하여 사람의 감성을 자극하고 관심을 유발하고 정서적인 경험을 제공함<br>ㅣ디지털 영상, 텍스트, 음성, 사운드, 음악, 비디오, 애니메이션 등을 통해 공유하는 과정 의미 |
| | ▶ 인터넷에 국경없는마을을 자세히 소개하고 스토리텔링을 활용한 소개 사이트 부재<br>▶ 인터넷은 종합 안내소라 할 수 있음에도 연구 대상 지역에 대한 세부 소개가 없음. 다만 외국인주민센터 홈페이지와 블로그 등에가 간헐적으로 소개하는 정도임 |

이상 살펴본 장소 브랜딩 전략과 스토리텔링 구성은 이해 당사자들의 지속적인 커뮤니케이션과 참여 속에서 수정하고 보완하는 과정을 겪으며 성공할 수 있다. 그리고 이러한 일을 통한 성공 과정을 겪으며 상호 신뢰도 쌓이게 된다. 다시 말해 안산 다문화도시 클러스터 구축을 위해서는 공동체적 거버넌스와 추진체계 구축이 필수적임을 다시 한 번 강조할 필요가 있다.

3) 다문화도시 클러스터 실행 거버넌스 구축 및 추진 방향

(1) 기존 민관협의체 평가

현재 원곡동을 중심으로 한 다문화 특구의 거버넌스는 아래 그림과 같이 정책행위자간 갈등과 협력이 공존하는 거버넌스형으로 평가되고 있다(정성영 외, 2014).

[그림 Ⅵ-3] 갈등 - 협력이 공존하는 거버넌스 (2008년 이후 ~ 현재)

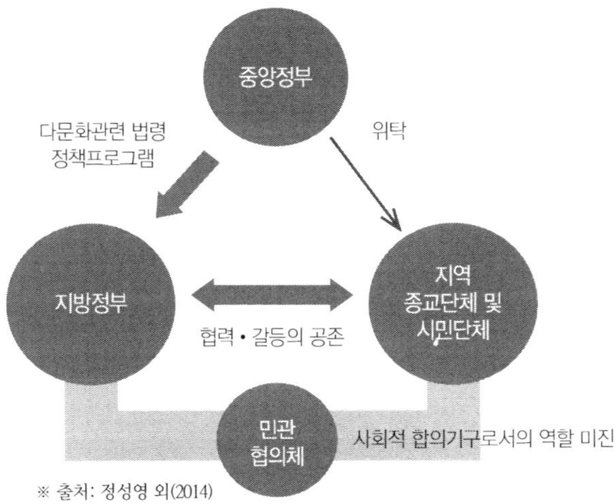


※ 출처: 정성영 외(2014)

위와 같은 거버넌스는 사회적 합의기구로서의 역할이 미진한 형식적 거버넌스를 의미하며, 상호 불신이 존재하는 가운데 사업을 위한 형식적 협력과 자원배분 과정의 경쟁이 존재할 뿐이다. 즉, 연구대상 지역에서는 지방자치단체나 중앙정부의 지원과 자원배분 과정이 지역 종교단체 및 시민사회 단체 간 경쟁을 초래하고 지역 공동체성을 오히려 약화시킨 의도하지 않은 결과를 가져온 것으로 평가되고 있는 것이다.

이와 같은 결과는 지방자치단체나 중앙정부의 지원 그 자체가 문제가 아니라 어떤 방식으로 지원을 하고 자원을 배분해왔느냐가 문제로 지적되어야 한다. 이는 이미 면접조사 과정에서 "민간단체 배제하고 직접 다 챙기는 건 문제다"라는 지적에서 나왔다. 즉, 관주도의 자원 배분과 직접 사업의 강화 속에서 지자체나 정부의 사업 성과는 증가했지만, 지역 주체의 참여는 배제되고 기존 지역 공동체는 붕괴되고 있는 것이다.

현재 연구대상 지역에서 가장 시급한 문제 중 하나는 바로 지역 공동체 내의 불신과 한계를 극복하고 다시 공동체성을 회복하는 일이다. 그리고 다문화도시 클러스터 구축을 위한 실질적인 사회적 합의기구를 구축해야 한다.

(2) 공동체적 실행 거버넌스 구축

실질적인 사회적 합의기구이자 민관협의체 공동체로서의 다문화도시 클러스터 실행 거버넌스 구축 방향 방향을 그림으로 나타내면 다음과 같다.

[그림 Ⅵ-4] 공동체적 실행 거버넌스 구축 및 추진 방향

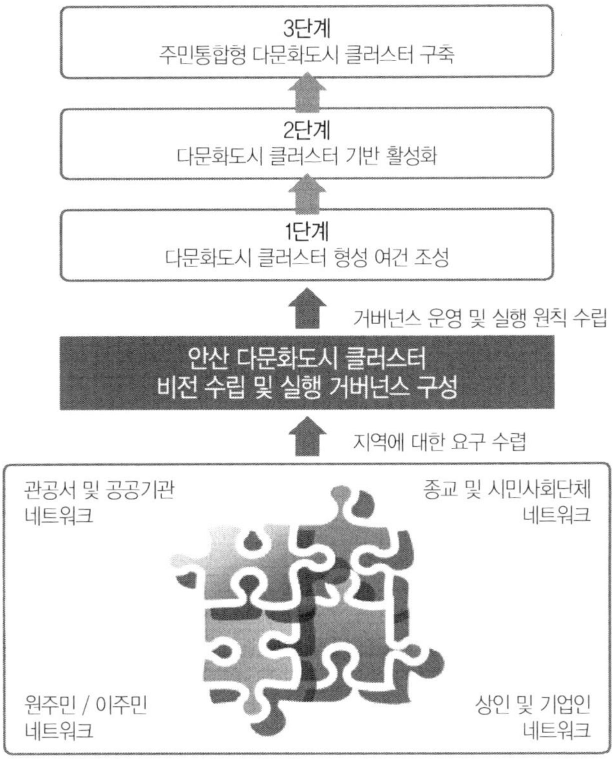


위 그림과 같이 공동체적 실행 거버넌스 구축의 기본 틀은 지역의 주요 구성 주체인 관공서 및 공공기관 네트워크, 종교 및 시민사회단체 네트워크, 원주민 및 이주민 네트워크, 상인 및 기업인 네트워크가 결합된 형태로 구축될 필요가 있다. 여기서 네트워크란 개별 구성원이 아닌 각 주체의 공동체 네트워크를 구성하고 이를 대표할 수 있어야 함을 의미한다. 그렇지 않을 경우 개인이나 개별 단체가 구색 맞추기 식으로 결합되고 각 주체를 대표하는 형태로 과잉 대표되고 형식화되는 문제가 발생한다.

예컨대 민관 협의체 구성에서 이주민 대표가 존재하고 참여하고 있으나, 실상 지역의 다양한 이주민 공동체에서는 그 지역의 민관협의체 구성에서 누가 또는 어떤 단체에서 이주민 공동체를 대표하고 있는지를 모르고 있는 현실이다.

이러한 문제점은 민관 협의체를 구성하고 지역 내 사업을 진행하는 과정이 관주도의 형식적이고 지역 시민사회 단체를 배제하는 방식에서 오는 한계라는 점을 면접조사 과정에서 지적되고 있다. 여기서 문제는 관주도라기보다 관이 어떤 내용과 방식으로 민 – 관 협의체를 구성하고 시민의 참여를 이끌어내느냐 하는 점이다. 면접조사 과정에서는 '시민이 만들고 참여하도록 관에서 유도'해야 한다는 해결 방안을 이미 제시하고 있다.

다시 말해 다문화도시 클러스터 실행을 위한 공동체적 실행 거버넌스는 '시민이 만들고 참여'하는 과정 속에서 다문화도시 클러스터의 비전을 수립하고 사업을 선정•시행할 수 있도록 해야 한다는 것이다. 여기서 관은 '시민이 만들고 참여할 수 있도록 여건을 조성하고 지원하는 방식'의 역할 변화가 필요한 것이다. 이는 다문화도시 클러스터의 비전과 사업을 매개로 한 주민통합과 지역 경제 공동체 구축을 의미하기도 한다.

그러나 공동체적 실행 거버넌스가 지속 가능하고 실질적인 역할을 하기 위해서는 몇 가지 운영원칙이 필요하다.

(3) 공동체적 실행 거버넌스 운영 원칙

공동체적인 다문화도시 클러스터 실행 거버넌스가 비전과 목적 수립 후 해야 할 일은 각 단계별로 어떤 일을 하고 어떻게 추진해갈 것인가의 원칙을 정하는 일이다. 즉, 비전 및 목적 달성을 위한 사업 추진을 어떻게 할 것인가의 운영원칙이 있어야 한다.

운영 원칙이 없으면 실행 거버넌스 구성 주체 중 하나가 독점적으로 운영하거나 비민주적으로 운영되는 과정이 발생할 수 있다. 또한 아무도 책임지지 않거나 일부 단체만이 책임지는 책임 부재 문제 등이 발생하고 형식화될 수 있다. 이와 같은 과정은 현재와 같이 자원 배분 과정에서 지역 공동체가 해체되는 현상과 같은 의도하지 않은 결과를 가져올 수 있고, 다문화도시 클러스터의 실패 요인으로 작용할 수 있다.

면접과정 및 사례연구 등 연구과정에서 도출된 내용을 바탕으로 다문화도시 클러스터 사업 추진을 위한 공동체적 실행 거버넌스의 운영 원칙을 제시하면 다음 표와 같다.

〈표 Ⅵ-9〉 공동체적 실행 거버넌스 운영 원칙

| 구분 | 주요내용 |
|---|---|
| ① 자주성 (자발성) | ㅣ조건부 동원 방식이 아닌 자발성에 기반한 사업 참여 • 운영 • 평가 |
| ② 민주성 | ㅣ참여 단체의 민주적 결정에 의한 사업 참여 • 운영 • 평가 |
| ③ 개방성과 공정성 | ㅣ제한이나 차별 없는 개방성과 공정한 사업 참여 • 운영 • 평가 |
| ④ 공식성과 투명성 | ㅣ사업 참여 • 운영 • 평가의 투명한 공개와 공식성 |
| ⑤ 공동체의 책임성 | ㅣ사업 참여 • 운영 • 평가에 대한 공동체적 실행 거버넌스의 책임성 |

공동체적 실행 거버넌스는 기본적으로 지역 문제를 공유하고 다문화도시 클러스터 형성을 통해 지역 문제를 해결하기 위한 비전을 수립하고 실행하기 위한 운영체다. 이러한 운영체가 인위적으로 동원되거나 조건부로 조직될 경우 주민의 자발적 참여는 저조하고 형식화될 수 있다. 즉, 다문화도시 클러스터 구축도 형식적으로 진행되면서 시간과 자원을 낭비할 수 있다. 따라서 공동체적 실행 거버넌스 운영 원칙에서 첫 번째로 가장 중요한 운영원칙은 자주성의 원칙이라 할 수 있다.

둘째 민주성 원칙은 참여 단체의 민주적 결정에 의한 사업 참여 • 운영 • 평가를 의미한다. 특히 지역 공동체 내에서 일부 단체 중심의 결정 또는 관 중심의 운영결정은 운영의 민주성을 훼손하고 종국적으로 공동체적 실행 거버넌스를 형식화하고 지역 공동체를 붕괴시킬 수 있다.

셋째 개방성과 공정성 원칙은 사업의 참여 • 운영 • 평가 과정에 공정하지 못한 제한이나 차별이 없어야 함을 의미한다. 예컨대 개방성은 소수자 또는 소수 민족이라는 이유로 운영에 대한 참여가 제한되어서는 안 된다는 의미다. 물론 제한이나 차별이 없고 개방적이라고 해서 공정한 제한이나 차별조차도 없다는 의미는 아니다. 문제는 공동체에서 자주적이고 민주적으로 개방적이고 공정한 내부 규제를 만들고 실행할 수 있는가 하는 점이다.

넷째, 공식성과 투명성은 사업 참여 • 운영 • 평가의 공식성과 투명한 공개를 의미한다. 이러한 공식성과 투명성이 결여될 경우 공동체적 실행 거버넌스는 내외부로부터의 불신과 함께 사업 추진과정에서 지역 구성원의 다양한 협력과정을 이끌어낼 수 없다.

마지막으로 공동체의 책임성은 공동체적 실행 거버넌스가 사업 참여 • 운영 • 평가에 대해 공동으로 책임성을 가져야 한다는 점이다. 이러한 공동체의 책임성을 담보할 수 있는 원칙이 세워지지 않으면 아무도 책임지지 않거나 일부만 책임지는 책임 부재 문제가 발생할 수 있다. 또는 서로 책임 전가를 하며 불신이 쌓이고 지역 공동체가 더 약화될 수 있다. 이는 종국적으로 다문화도시 클러스터 구축 실패를 의미한다. 그리고 이 과정에서 많은 인적 • 물적 자원과 예산이 낭비됨에도 아무런 성과 없이 지역 사회의 불신만 심화되고 종국적으로 지역 공동체를 붕괴시키는 결과를 가져올 수 있다.

(4) 공동체적 실행 거버넌스 역할

공동체적 실행 거버넌스의 주요 역할은 첫 번째 단계로 다문화도시 클러스터 형성을 위한 여건을 조성하고, 두 번째 단계에서 다문화도시 클러스터 기반 활성화 사업을 추진하는 것이다. 성공적인 다문화도시 클러스터 구축을 위해 실질적인 주민 참여 거버넌스의 주요 역할을 제시하면 다음 그림과 같다.

[그림 Ⅵ-5] 실질적 주민 참여 거버넌스 구축과 단계별 주요 역할

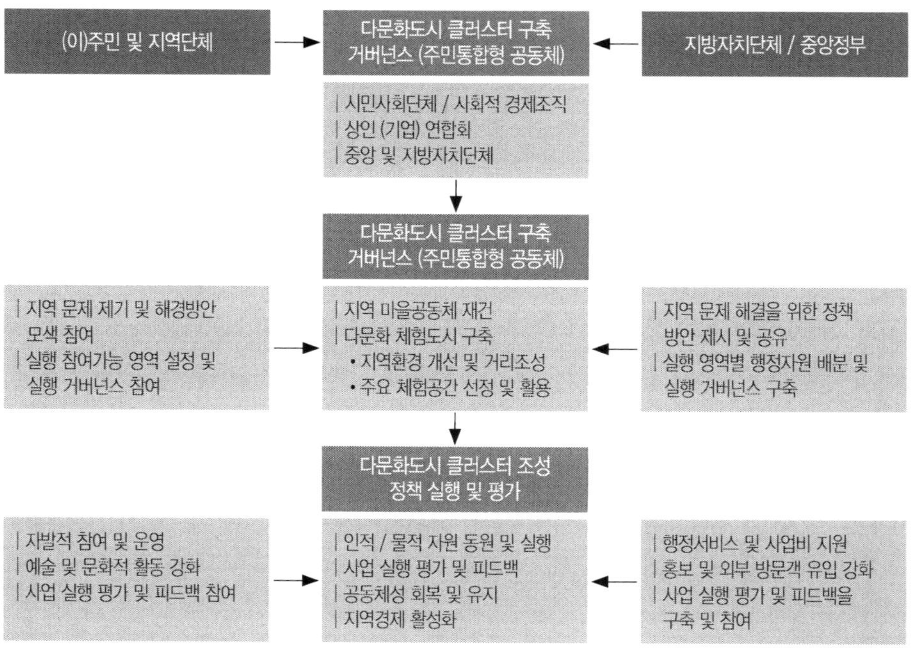

강조되어야 할 점은 공동체적 실행 거버넌스가 다문화도시 클러스터 구축 전반에 걸쳐 신뢰성 있는 추진체가 되어야하고, 사업 추진 과정에서 조정자이자 촉진자로서 주요한 역할을 해야 한다는 점이다. 이는 다문화도시 클러스터 구축 사업 과정은 지역에 많은 인적 • 물적 자원이 투입되는 과정이고, 이 과정에서 갈등 또는 경쟁이 발생할 수 있기 때문이다. 즉, 공동체적 실행 거버넌스는 이러한 갈등이나 경쟁을 조정하고 협력을 이끌어내야 한다. 그리고 다양한 지역 구성원 주체가 참여하고 신뢰할 수 있는 공동체 구축하고, 유무형의 소재를 발굴하고 개발하며 다양한 프로그램을 개발하는 다문화도시 클러스터 여건 조성의 중추 역할을 해야 한다.

### 3. 클러스터 여건 조성을 위한 여유 공간과 물적 인프라 활용 정책

다문화도시 클러스터 형성 과정에서 초기에 이루어져야 할 사업은 다문화도시 클러스터 형성을 위한 여건 조성 사업이다. 구체적으로는 물적 인프라 및 주요 장소 선정을 통해 상징 및 시설공간을 확보하고 무분별한 상업시설과 주변 환경을 정리해야 한다. 또한 주민, 방문객을 위한 휴식 및 여유 공간 부족을 해결하기 위해 여유 공간을 재정리하고 활성화하는 방안이 필요하다.

이외 다문화도시의 상징성 구축을 위해 상징적 요소와 디자인적 요소를 고려한 거리 안내 표지판 등 거리 재정비 사업 추진이 필요함을 앞서 제시한 바 있다. 그러나 획일적인 시행 과정을 통해 다양성을 오히려 약화시켰다는 기존 경험을 염두에 두고 다문화적 요소의 다양성을 살릴 수 있는 방향을 모색할 필요가 있다.

이와 관련해 다음에서는 원곡동 주변 여유 공간과 물적 인프라를 세부실행 계획과정에서 어떻게 활용할 수 있을지에 대한 활용 정책방안을 제시해보고자 한다.

[그림 Ⅵ-6] 원곡동 인근 여유 공간

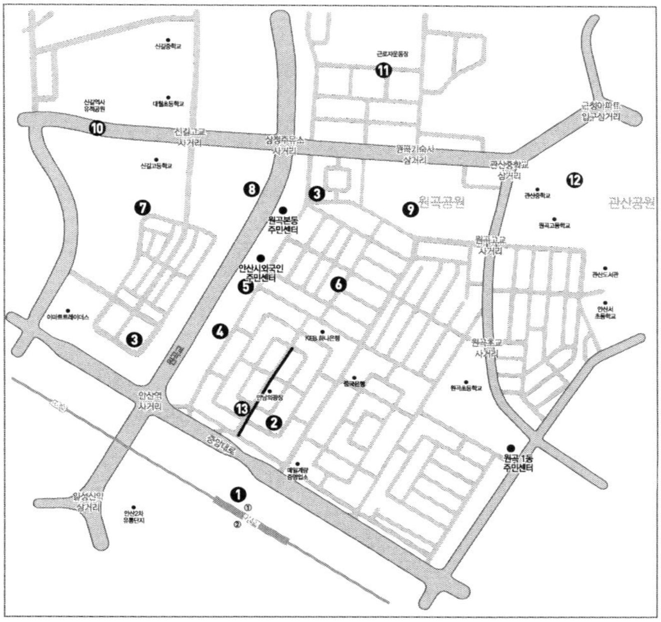


① 안산역 앞 광장
② 만남의 광장
③ 이마트트레이더스 공원
④ 부부로 녹지
⑤ 외국인주민센터 마당
⑥ 원곡놀이터
⑦ 9단지 생태 오솔길
⑧ 7단지 녹지 공원
⑨ 원곡공원
⑩ 안산신길역사공원
⑪ 근로자운동장
⑫ 관산공원
⑬ 다문화음식거리

1) 단기간 내 효과를 볼 수 있는 여유 공간 정책

원곡동 일대의 여유 공간 및 문화공간으로의 활용 가능성은 공간의 활용가능성, 기능성과 편리성 등의 측면에서 살펴보았다. 현재의 시설을 재조정하여 단 시일 내에 충분히 이용 가능한 곳은 ①안산역 앞 광장, ②만남의 광장, ⑬다문화음식거리이다.

①안산역 앞 광장의 경우 광장의 공간을 가로 막는 지붕시설 및 벤치를 외곽으로 배치하고 광장 전체를 넓은 문화광장으로 조성한다면 이곳의 활용도는 높아질 것이다. 특히 안산역은 안산의 상징적 장소이다. 장기적으로 안산역 주변을 관광 지역화 할 필요도 있다. 안산역은 과거 원곡역으로 불렸으며, 수원과 제물포(인천)을 연결하는 중간지대이다. 인천시는 안산의 원곡역보다 늦게 세워진 소래역을 관광자원화하였다. 소래 어시장 지역에 협괘열차문화를 박물관하여 '소래역사관'을 조성하였으며 염전, 서해안, 협괘열차를 인천의 지역 마케팅으로 활용한 것이다. 안산역 인근에 박물관을 설치하여 한국인과 이주민이 찾아 올 수 있는 볼거리, 교육 공간, 전시 공간 등이 안산역사 주변에 위치 할 때 안산의 다문화 공간 정책에 커다란 반향을 불러 올 수 있다.

⑫만남의 광장의 경우 공연장 앞에 빼곡히 의자에 관중이 모일 경우 500석 규모이다. 그러나 광장의 중간을 가로수와 도로 턱이 광장을 절반으로 분리시키고 있다. 놀이시설이 위치한 곳은 오히려 광장 마당보다 낮게 조성되어 문화 공연시 불편한 공간이 된다. 놀이 시설이 있는 곳을 공연장 마당보다 오히려 높임으로서 필요시 광장 뒤편에서도 문화 공연 관람이 가능한 시야 확보가 중요하다. 일부 주민의견은 문화공연장 뒤편의 복지시설을 대체 건물로 이전시키고 이곳도 문화공연장으로 넓게 활용하는 것이 좋다는 의견을 내놓았다. 만일 만남의 광장 전체를 공원화하여 문화 광장으로 조성할 경우 안산역과 연계되는 문화 장소의 포인트가 될 것이다. 상시적인 문화공연, 전시회 등을 유치함으로서 안산 시민과 인근 지역 시민들이 문화를 매개로 찾아오는 곳이 될 수 있는 문화관광의 흡입요인으로 작동 할 수 있다.

⑬다문화음식거리는 원곡 – 신길동 인근 여유 공간 분석에서 살펴보았듯이, 사람들이 이용하는 길까지 진열되어 있는 상점의 물건들이나 노점상 등이 관리되지 않아 이용자들이 불편을 겪고 있다. 또한 사람이 몰리는 주말은 공식적으로 차량이 통제되어 있으나 잘 지켜지지 않고 단속도 거의 되지 않고 있다. 더구나 무분별하게 쌓여있는 쓰레기나 악취는 이 거리를 걷고 싶지 않은 거리로 만들고 있다. 이러한 다문화음식거리를 정비해 이용이 편리하고 청결한, 그리고 볼거리와 먹거리가 많은 걷고 싶은 거리로 재구성할 필요가 있다.

2) 장소 이용 권장과 지역 연계를 통한 행사유치 정책

장소 이용 권장과 행사유치가 필요한 곳은 ③이마트트레이더스 공원, ⑩안산신길역사공원, ⑪근로자 운동장이다. 신길동 아파트 지역의 ⑦9단지 생태 오솔길, ⑧7단지 녹지 공원의 경우 인근지역 상권의 활용과 녹지 및 생태길 활용도를 높이려면 원곡본동에서 신길동으로 넘어가는 구름다리의 설치가 필요하다. 특히 ⑩안산신길역사공원은 공연장 무대가 준비될 경우 1천여 명 이상이 참여 할 수 있는 잔디 문화공간으로도 조성이 가능하다. 안산신길역사공원 밑으로 생태오솔길이 있고 신길고등학교도 위치해 있어 때로 학교운동장과 연계 되는 프로그램도 가능하다. 다문화관련 문화공연이 진행될 경우 지역 주민의 참여도 유도할 수 있는 잠정도 있다. 다만 안산신길역사공원 주변에 아파트가 빼곡히 위치해 있어 문화공연시 소음 등으로 인해 지역주민의 민원 소지는 있다.

3) 장소 활용의 재구성 정책

④부부로 녹지의 경우 안산시 초기 도시 계획상 인근지역 녹지 기능을 담당하였으나 도시가 확장되면서 녹지 기능 보다는 다른 기능으로의 전환이 요구된다.

④부부로 녹지는 접근성이 용이하고 편리성이 높아 활용 가능성이 가장 높은 곳이다. 부부로 녹지 일대에 문화광장을 조성하여 이 일대의 여유 공간 문제를 해소하기 위한 정책적 접근으로서 가장 최적의 장소이다. 현재는 산책, 소모임 공간으로 이용되고 있으나 문화광장으로 조성 시 수 천 명이 모이는 공간 확보가 가능하며, 수 천 명이 모일 수 있는 문화 공간 자체만으로도 주목을 받을 만한 명소가 될 수 있다. 일례로 홍콩의 센트럴파크의 경우 일요일에 수천 명의 이주민이 공원에 모이면서 이 일대는 홍콩을 찾는 대부분의 사람들에게 이주민이 밀집하여 있는 휴일을 보내는 그 자체로 홍콩의 주요 관광 코스가 되고 있다.

4) 장소의 활용도 제고 정책

⑨원곡공원의 경우 이미 다문화광장, 공연장 등이 조성되어 있다. 그러나 이곳을 이용하는 이주민은 많지 않다. 원곡공원이 구릉지에 위치하고 안산역에서 거리적으로 떨어져 있어 이용에 불편함이 있다. 그러나 원곡공원을 평면화하여 전면 재조성할 경우 이용자들의 수는 기하급수적으로 늘어날 것이다. 그러나 충혼탑이 있어 지역의 비판 여론을 의식해야 하며, 2014년에 39억을 들여 공원 재조성 공사를 마무리한 상태라 예산 낭비 시비에 휘말릴 가능성이 있다. 그러나 현재 이주민들도 잘 이용하지 않는 공원에 다문화광장 등의 명칭을 사용하는 것은 무리가 있다. 명칭을 그대로 사용하려면 새로운 정책적 접근이 필요하다. 특히 베트남 참전비와 다문화 광장은 특정 국가 출신자에게는 거부감을 줄 수 있는 소지가 있다. 지금까지 원곡동 여유 공간에 대한 조사 결과를 요약하면 아래와 같다.

〈표 Ⅵ-10〉 원곡동 주변 지역의 여유 공간 활용 가능성

| 위치 | 구분 | 가능성 | 주요내용 | 편리성 | 정책과제 |
|---|---|---|---|---|---|
| ① | 안산역 앞 광장 | 가능 | (1천명) 문화공연, 집회, 모임 | 접근성 용이 | 문화광장 재조성, 행사유치 |
| ② | 이마트트레이더스 | 가능 | (3백명) 문화공연, 집회, 모임 | 접근성 용이 | 이용 권장, 행사유치 |
| ③ | 공원만남의 광장 | 가능 | (5백명) 문화공연, 집회, 모임, 소형 스포츠 | 접근성 용이 | 문화광장 부분조정 |
| ④ | 부부로 녹지 | 가능 | 산책, 소모임 | 접근성 용이 | 전면 재조정 |
| ⑤ | 외국인주민센터마당 | 가능 | (1백명)문화공연, 집회, 모임. | 접근성 용이 | 시설 보완 |
| ⑥ | 원곡놀이터 | 가능 | 지역 어린이 | 접근성 용이 | 특이사항 없음 |
| ⑦ | 9단지 오솔길 | 가능 | 산책로 | 접근성 용이 | 구름다리 설치 |
| ⑧ | 7단지 녹지공원 | 가능 | 산책로, 모임 | 접근성 용이 | 구름다리 설치, 주민동의 |
| ⑨ | 원곡공원 | 가능 | (1천명)문화공연, 집회, 모임, 산책로 | 접근성 용이 | 이용 권장, 행사유치, 전면 재조정 |
| ⑩ | 안산신길역사공원 | 가능 | 교육용, 산책로 | 접근성 용이 | 이용 권장, 행사유치 |
| ⑪ | 근로자운동장 | 가능 | 스포츠 행사 | 접근성 용이 | 이용 권장, 행사유치 |
| ⑫ | 관산공원 | 가능 | 산책로 | 접근성 용이 | 특이사항 없음 |
| ⑬ | 다문화음식거리 | 가능 | 다문화 거리 | 접근성 용이 | 거리환경 개선 |

5) 부부로 녹지 전면 재구성 정책

장소의 재구성 정책 측면에 대하여 구체적으로 살펴보자. 앞서 ④부부로 녹지는 접근성과 이용의 편리성이 높아 활용의 가능성이 가장 높은 곳이다. 부부로 녹지 일대에 문화광장을 조성하여 이 일대의 여유 공간 문제를 해소하기 위한 정책적 접근으로서 가장 최적의 장소임을 밝혔다. 현재는 산책, 소모임으로 이용되고 있으나 문화광장으로 조성 시 수천명이 모이는 공간 확보가 가능하며, 수천명이 모일 수 있는 문화 공간 자체만으로도 홍콩의 센트럴파크와 같이 주목을 받을 만한 또 하나의 명소가 될 수 있다고 밝힌 바 있다. 그렇다면 부부로 일대를 문화공간으로 조성하기 위한 타당성을 살펴보도록 하겠다.

(1) 부부로 녹지 활용을 위한 타당성

부부로 녹지 일대는 도시가스 관련 배관시설이 매설 된 곳이다. 부부로 도시가스 관련 배관과 정압기 실태는 아래와 같다. 정압기 시설은 가스공사로 부터 공급받는 높은 압력의 가스를 소비자가 사용할 수 있도록 다운시켜 안정된 가스공급을 할 수 있도록 가스 공급자가 설치하는 시설이다.

〈표 Ⅵ-11〉 부부로 도시가스 관련 배관 실태

| 시설명 | | 세부내용 | 비고 |
|---|---|---|---|
| 중압[18*] (MPB) | 원곡동 991-2 | ㅣ1994년 시공, 매설심도 : 1.2 ~ 1.5m<br>ㅣPLP 150A, 사용압 : 중압(30M)<br>ㅣ배관두께 : 4㎜ | 원곡녹지 및 원곡지역 정압기 전단 배관 |
| | 원곡동 991 | ㅣ1995년 시공, 매설심도 : 1.2 ~ 1.5m<br>ㅣPLP 300A, 사용압 : 중압(30M) | |
| 중압[19*] (MPA) | 원곡동 991 | ㅣ1995년 시공<br>ㅣPLP 300A, 사용압 : 중압(30M) | 원곡지구 정압기 전단 배관 |
| 중압[20*] (LP) | 원곡동 991 | ㅣ2008년 시공<br>ㅣPLP 300A, 사용압 : 저압(70M) | 원곡동 일원 가스공급을 위한 저압용 배관 |
| | 원곡동 991-2 | ㅣ2007년, 1994년 시공<br>ㅣPLP 300A, 사용압 : 저압, 40M<br>ㅣPLP 300A, 사용압 : 저압, 50M | |

〈표 Ⅵ-12〉 부부로 도시가스 관련 정압기 실태

| 시설명 | 세부내용 | 비고 |
|---|---|---|
| 원곡지구 정압기[21*] | ㅣ1995년 시공<br>ㅣ전단압력 0.8MPA, 후단압력 2.5KPA | 지구정압기 : 3 X 3 X 3m<br>지구정압기 : 3 X 2 X 2m<br>(가로 X 세로 X 높이) |
| 원곡지역 정압기[22*] | ㅣ1995년 시공<br>ㅣ전단압력 0.4MPA, 후단압력 2.5KPA | |
| 원곡녹지 정압기[23*] | ㅣ1994년 시공<br>ㅣ전단압력 0.4MPA, 후단압력 2.5KPA | |

18* 안산시 단원구 원곡동 일원 가스공급을 위해 정압실에서 가스공급을 위한 도시가스 배관
19* 안산시 단원구 일원 및 반월공단에 가스를 공급하기 위한 원곡지구 정압기 전단배관
20* 안산시 단원구 원곡동 일원 가스공급을 위한 배관
21* 안산시 단원구 일원 및 반월공단 일원에 가스공급을 위한 시설
22* 안산시 단원구 원곡동 일원에 가스공급을 위한 시설
23* 안산시 단원구 원곡동 일원에 가스공급을 위한 시설

[그림 Ⅵ-7] 원곡녹지, 원곡지구 배관 실태

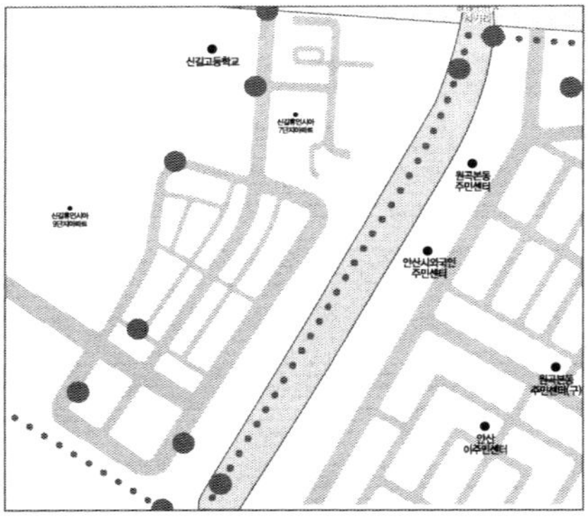


[그림 Ⅵ-8] 원곡지역 / 지구 정압시설 위치 및 배관도

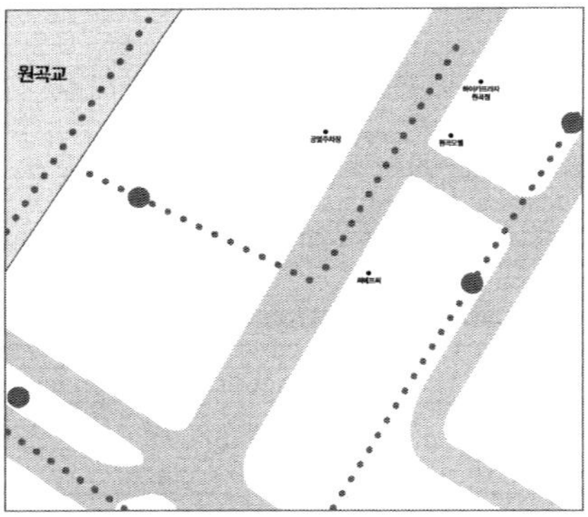


[그림 Ⅵ-9] 원곡녹지지역 정압시설 위치 및 배관도

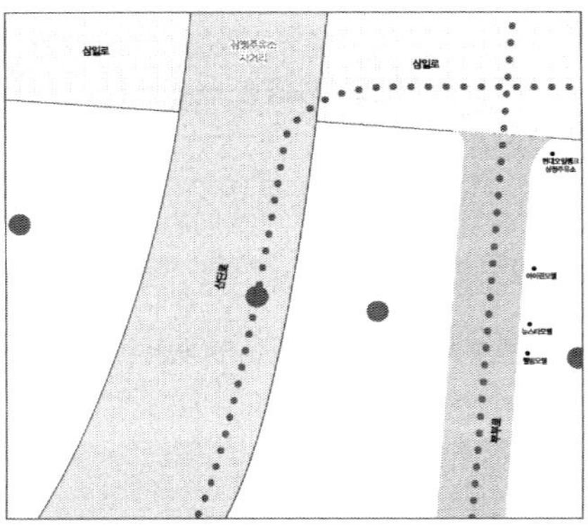

부부로 녹지를 활용하여 원곡동 주차장 문제와 여유 공간으로서 문화광장 조성에 대하여 '삼천리 도시가스 도시가스사업본부 안전기술담당 안산안전관리팀' 질의를 하여 얻은 답변이다. 먼저 지하 주차장 설치에 대한 답변이다.

> "도시가스 시설은 모두 지하에 설치되어 있습니다. 따라서 지하주차장 신설 설치 시 당사 시설물을 모두 이설 또는 변경 하여야 함을 알려드립니다. 당사 시설물은 안산시 단원구 원곡동 및 반월공단 가스공급을 위해서 꼭 필요한 시설임을 알려드리며, 지하주차장 설치시 이설에 필요한 대체 부지 확보가 필요합니다 (지구정압기 1개소, 지역정압기 2개소, 가스배관).

답변의 요지는 지하주차장 설치는 가능하나 시설물의 이설 및 변경, 이설에 따른 대체 부지 및 이설 비용 등 고려해야 할 사항이 많다는 것이다.

부부로 녹지에 문화광장 조성을 위하여 도시가스 시설의 변경 및 일부 위치변경이나 수정을 할 경우 "대체 부지"에 대한 확정이 되어야만 지역주민의 민원을 해소 할 수 있다. 배관 공사의 경우 지역주민의 가스공급 중단이 1일 정도 될 수 있지만 정압기 공사의 경우 10일 이상의 시간이 소요되어 지역주민의 민원과 압력저하로 발생되는 산업용(반월공단)수요처의 민원이 예상된다. 또한 가스 사용량이 많은 11월 ~ 5월 사이에는 가스 차단이 불가하고, 공사를 하게 될 경우 하절기에만 할 수 있다.

완전 이전을 해야 사용이 가능한 배관 또는 정압시설로서 지구 정압기 및 지역 정압기, 가스배관은 주변 지역에 가스공급을 하는 역할이다. 이설을 하게 될 경우 현재 설치되어 있는 지점 주변에 이전 설치하여야 한다. 이때 이설은 압력 분석을 통하여 통제 될 수 있다. 그러나 배관 및 정압시설 변경 또는 이전 시 법률적인 문제도 발생한다. 도로법 제68조(점용료 징수의 제한) 및 도로법 제 73조(원상회복)의 법률에 따라 가스배관 및 정압시설의 경우 점용료 감면을 받는 대상이다. 따라서 행정관청의 원상회복 명령시 원인자의 부담 없이 관련 시설 운영사가 원상회복을 하여야 한다. 하지만 공공의 목적을 위한 도시가스 시설물이고 경기도 도시가스 공급규정에 따라 도시가스 공급을 하지 않을 수 없으므로 대체 부지 및 기타 행정적인 지원 등 에 있어서는 관할 관청에서 적극 협조가 있어야 한다. 다음은 관련 시설 운영사의 문화광장조성 관련 질의에 대한 답변이다.

> "현재 안산시 광장 및 공원에는 당사 정압시설 및 가스배관이 매설되어 있는 구간이 많이 존재하고 있습니다.(광덕대로 문화광장, 일동성호공원, 부곡성호공원 외) 지하 시설물이므로 광장 조성 및 공원조성 시 주변 환경여건에 맞추어 당사 시설물의 조경을 바꾸어 광장 또는 공원과 어우러질 수 있도록 변경하고 있습니다. 따라서 지하주차장 공사보다는 여러 여건상 광장 조성이 안산시 발전에 있어 도움이 될 것으로 사료됩니다."

문화광장 조성은 가능하며 이미 안산의 타 지역에서 문화 공원 등으로 활용하고 있다고 밝히고 있다. 공원 조성과 관련하여 다른 지역의 사례는 다음과 같다.

[그림 Ⅵ-10] 도시가스 매설 지역공원 활용 사례

사동 석호공원 이동 성호공원 부곡 성호공원

(2) 부부로 녹지 재구성 방안

부부로 녹지의 재구성 정책은 소위 '다문화특구'로서의 기능 증대에 있다. 현재 원곡동에 외부인이 방문하였을 때 소문과는 다르게 마땅히 갈 곳이 없다. 안산역에서 모두도서관에 이르는 시장 이외 지역은 방문자들에게 별로 흥미를 끌지 못한다. 신기한 음식과 과일 이외의 문화를 소개할 만한 곳도 마땅하지 않다.

대형버스를 이용해 방문자가 이곳으로 온다고 하여도 50여명이 한꺼번에 들어갈 수 있는 식당도 없다. 안산역에서 모두도서관에 이르는 골목 상권과 노점상을 빼고는 드러내 놓고 보여줄 것도 없다. 그만큼 겉보기에 요란한 소문과는 대조적으로 채울 내용이 없다. 그동안의 안산시 다문화 정책이 요란한 관주도의 전시성 정책이었다는 비판을 피하기엔 궁색한 변명으로 들릴 정도의 현실이다. 대표적인 경우가 찾아가는 사람이 별로 없는 현충탑 인근에 39억을 들여 조성된 다문화 광장이다. 그러나 상대적으로 이주민들은 자신들의 문화를 공연할 만한 장소도 별로 없다.

현재 안산의 이주민 밀집지역은 아래 그림과 같이 이주민들이 출신지역에 따라 집단성을 이루며 살아가고 있다. 그러나 라성호텔 인근지역인 중국촌과 필리핀촌의 경우 아파트 재개발로 인하여 지역의 특수성이 해체 될 상황에 놓여있다. 원곡본동과 땟골 지역으로 이주민들의 집중이 더 심화되고 있으며, 선부동과 와동 지역으로 이주민의 거주지가 확산되고 있다.

아래 그림에서 보듯이 원곡본동의 이주민 밀집지역 공간은 결국 부부로를 중심으로 신길동 지역으로 확산 될 수밖에 없다. 현재는 주거지역이 아파트 중심으로 한국인들이 신길동 쪽에 몰려 있으나 원곡동의 상권이 포화상태로서 신길동 아파트 지역으로 넘어가고 있는 추세이다. 안산역 건너편 원곡본동 지역을 활성화 시키려면 결국 부부로 녹지를 중심축으로 반대편인 신길동과 연계되는 새로운 도시 공간 정책이 필요하다.

[그림 Ⅵ-11] 원곡동 이주민 밀집 구역

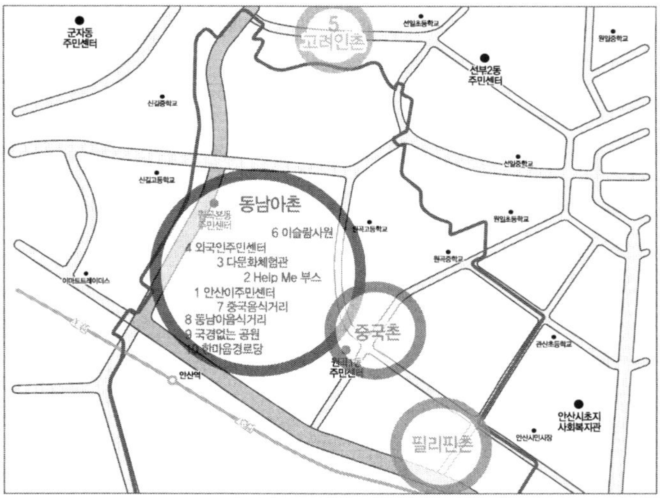


※ 출처: 박천응 외(2015)

아래 그림은 안산 원곡동을 중심으로 새로운 다문화 도시정책을 위한 'T벨트'를 제안한다. T-1벨트는 '이주민 중심 정책'이다. 안산역에서 원곡놀이터 지역에 이르는 기존 동남아시아 등 이주민 밀집 중심 지역이다. 이 지역은 T-1 ①, T-1 ②, T-1 ③ 작은 축을 갖는다. T-1 ①는 원곡동 주택사거리에서 원곡초등학교 인근지역이고, T-1 ②는 원곡동 원불교 교당에서 원곡도서관에 이르는 벨트이고, T-1 ③은 땟골에서 원곡공원에 이르는 벨트이다.

T-1 ①, T-1 ②에는 주로 동북아 중심의 중국 출신들이 거주하는 지역이고, T-1 ③은 러시아 등 북방 계열이 거주하는 지역이다. 2015년 현재까지 안산시의 다문화 도시 정책은 주로 T-1벨트 지역을 중심으로 형성 되었다. 그러나 T-1벨트 지역 중심의 다문화 도시정책은 이 지역의 전통 문화적 요소와 지역주민으로서 안산지역의 한국인들을 끌어들이기엔 역부족이었다.

[그림 Ⅵ-12] 원곡동 공간 재구성을 위한 T벨트 정책 구성도

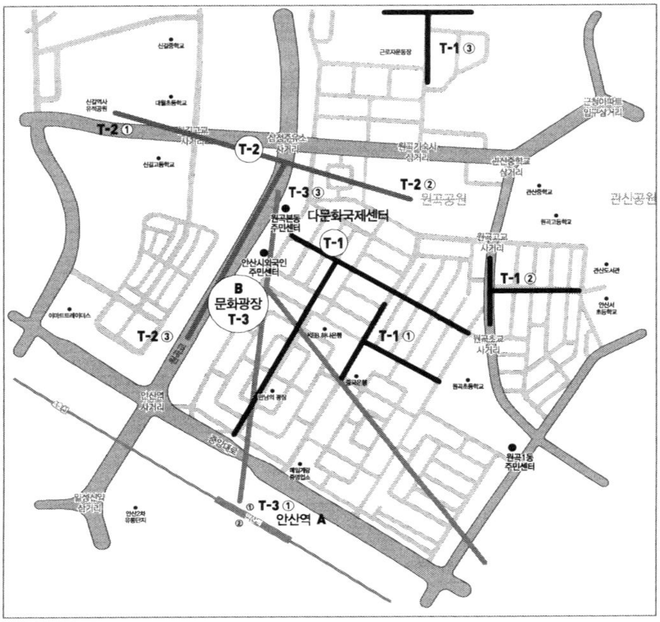


그래서 T-2벨트는 '지역 주민 중심 정책'이다. T-2벨트는 T-2 ①의 신길역사유적공원과 T-2 ②원곡공원 그리고 T-2 ③으로 이마트트레이더스 공원으로 구성되며 지역주민과 안산의 전통문화를 잇는 벨트이다. 과거 2000년까지는 T-1 원곡동 지역주민은 원곡본동 거주 주민을 뜻하였다. 그러나 현재 원곡본동주민센터를 이용하는 주민의 70%이상이 신길동 주민들이다. 원곡본동은 이미 이주민지역으로 변모하여 한국인 출신 주민의 거주자 수가 낮아지고 있다. 원곡동지역에서 지역주민과의 결합을 높이려면 T-2벨트 지역 주민 정책이 중요하다.

T-2 ①의 신길역사유적공원은 앞서 설명하였듯이 신석기 유적지로서 안산 태동의 어머니 배꼽과 같은 지역이다. 신길역사유적공원을 안산시민이면 누구나 찾아와 자신 지역의 정체성과 자부심을 가질 수 있는 장소로 정책적 고려를 해야 할 곳이다. 인근 도일 지역의 3.1만세 운동 지역과 함께 안산의 역사를 알 수 있는 지역이다.

T-2 ②원곡공원은 6.25참전용사비, 월남참전용사비가 위치해 있다. 원곡고등학교가 과거 이 지역 공원묘지였음을 감안하면, T-2 ②원곡공원은 안산을 지키고 사랑해온 사람들의 영혼이 잠들어 있는 것이다. 분단의 역사와 해외 참전에 따른 아픔의 역사를 읽을 수 있는 지역이다.

T-2 ③은 신길동 한국인들을 위한 문화 공간이다. 그러나 신길동 아파트 지역 주민은 어찌 보면 이주민들보나 더 늦게 이 지역에 이주하여 살고 있는 주민들이다. 신길동지역주민과 이주민의 만남을 연결 시켜주는 광장이다. 앞서 보았듯이 T-2벨트 지역 정책은 원곡 – 신길동 지역 주민을 다문화와 만나도록 인도하는 벨트이다.

T-3벨트는 '수도권시민 유치 정책'이다. T-3벨트 '수도권시민 유치 정책'은 'ABC(Ansan station, Buburo, Choji station) 정책'이라고 할 수 있다. 안산의 다문화도시 클러스터 정책의 핵심이라 하겠다. T-3 ①은 안산역이다. 안산역은 4호선 전철로 이어지는 곳으로서 지하철 노선 중 안산역은 안산을 대표하는 전철역이다. 수도권 시민을 유치하기 위하여 안산역사 인근 지역에 대한 전략적 정책 접근이 필요하다.

[그림 Ⅵ-13] 신안산선 사업개요

신안산선 사업개요

| 구분 | 1단계 구간 | 2단계 구간 |
|---|---|---|
| 사업 구간 | 안산–광명역–여의도<br>안산(국제테마파크)–시흥시청–광명역 | 여의도–서울역 |
| 연장 | 43.6km | 5.8km |
| 사업비 | 3조9025억원(추정 사업비이며, 민자 사업자 선정과정에서 조정 예정) | 8216억원 |
| 정거장 | 노선도 참조 | 좌동 |



※ 출처: 인천일보(2015)[23*]

24* '신안산선 복선전철' 민간투자 추진…2023년 개통 http://www.incheonilbo.com/?mod=news&act=articleView&idxno=631807

안산역은 바로 이주민 밀집지역인 원곡동을 걸어서 올 수 있는 지역이다. 안산의 고잔벌 아파트 지역과 상권의 개발로 안산역이 안산의 변방이 되어버렸다. 그러나 안산역은 안산 – 시흥지역의 중간지점이다. 시흥시 배곧지역에 서울대국제캠퍼스가 들어선다. 서울대국제캠퍼스와 인천 영종도 국제캠퍼스 학생 및 유학생을 유치할 수 있는 정책이 필요하다. 4호선 전철역이 이들 지역의 주요 교통수단이 될 수밖에 없다.

T–3 ②는 초지역(화랑역)이다. 인천의 송도역에서 출발하는 KTX선의 중간 기착점이 초지역이다. 초지역은 신안산선과 만나는 지역이다. 신안산선은 안산 및 시흥에서 KTX광명역을 거쳐 서울 여의도까지 연결된다. T–3 ②는 초지역은 서울, 광명, 시흥, 인천, 그리고 KTX를 통한 지방 인구까지 흡수 할 수 있는 교통 중심지역이 된다. T–3 ①의 안산역은 T–3 ②초지역에서 불과 5분 거리이다. 안산의 다문화 도시정책은 교통정책과 연계될 수밖에 없다.

T–3 ③국제다문화센터이다. T–3 ③국제다문화센터는 T–3의 집합소인 T–3 지역인 부부로 녹지에 새롭게 조성 될 문화광장과 함께 안산의 다문화도시정책의 핵심적 가시물이 된다. T–3 ③국제다문화센터는 새롭게 건축할 건물이 아니라, 현재의 원곡본동 사무소의 리모델링을 통한 문화교육전시공간으로 전환하는 정책이다. 본래 신길동에 새롭게 건축될 문화센터는 향후 원곡본동주민센터가 이전되는 것을 전제로 건축될 필요가 있다. 실제 원곡본동사무소 이용자 중 70%가 신길동지역 주민이기 때문에 주민센터의 위치가 변경 된다면 오히려 신길동 주민에게는 더욱 반가운 일이 될 것이다.

국제다문화센터의 기능은 이주민을 위한 복지프로그램의 기능이 아니라 수도권 시민과 안산 인근지역 주민을 유치할 수 있는 내용으로 공간을 구성할 필요가 있다. 이는 한국인들이 안산을 다문화도시로 인식하고 찾아오지만 정작 한국인을 위한 공간은 부족함을 반영한다. 다문화 도시가 이주민만을 위한 편중된 정책이라는 지역주민의 비판을 해소하고 안산 이외 지역시민을 원곡동 지역으로 흡수 할 수 있는 창구로서 국제다문화센터가 그 기능을 담당할 필요가 있다.

## 4. 법적 • 제도적 보완

중앙정부의 외국인, 다문화 정책은 길지 않은 시간 내에 급속히 확대된 것이 사실이다. 법무부, 여성가족부, 고용안전부 등 10여개 중앙 부처에서 정책을 담당하고 있다. 법무부의 사회통합프로그램을 위한 거점운영기관과 일반운영기관, 여성가족부의 다문화가족지원센터, 고용노동부의 외국인근로자지원센터가 지역조직을 운영하고 있다. 이러한 중앙정부 중심의 외국인 정책은 일정정도 성과를 보이긴 하였으나 중앙부처간 중복과 경쟁, 이를 극복할 수 있는 컨트롤타워의 부재, 중앙부처 중심의 정책이 마련되다 보니 지방자치단체 자체 역할 미비와 민간단체와의 협력 미비 등의 문제가 끊임없이 제기되고 있다.

지방자치단체는 중앙정부의 사업을 위탁, 운영하는 역할에 그치고 지역특성에 맞는 외국인정책은 펼치기 어려운 상태이다. 매년 지방자치단체가 추진하는 이민자 사회통합 관련 추진 과제 수도 증가해 왔다. 하지만 아직 이민자 사회통합을 위한 지역의 역할은 충분하지 않다. 서로 다른 중앙부처가 계획한 사업들이 지역에서 별도의 기관을 통해 시행되면서, 혼선을 빚기도 하고 예산의 중복지원 논란도 있다. 부처간 입장차가 있을 경우 지역에서 조율하는 것도 쉽지 않다(오정은, 2015).

또한 중앙정부 중심의 외국인 정책은 공감대도 형성되지 않은 상태에서 국가 수준의 사회통합을 논의하다 보니 부정적 영향을 미칠 수 있고, 이주민에 대한 시혜적인 정책, 이주민을 객체화하고 대상화하는 정책은 앞서 주민들의 의견에서도 알 수 있듯이 사회통합보다는 반다문화 정서를 확대하는 위험성을 안고 있다.

따라서 더 이상 국민과 외국인이라는 이분법적 관점이 아닌 일상을 함께 하는 주민이라는 관점에서 이주민을 지역공동체 구성원으로 보아야 할 것이다. 따라서 중앙정부보다는 지방자치단체의 특성에 맞는 정책이 사회통합에 더 기여할 수 있을 것이다. 주민과 밀착된 행정을 하는 지방자치단체는 중앙부처의 정책을 실제 집행하는 단계에서는 중복적인 업무를 조정할 필요가 있고 이때 기준이 되는 것이 조례라고 할 수 있다. 중앙정부는 업무를 자치단체에 위임할 경우에 지방자치단체가 탄력적으로 각 부처 사업을 집행단계에서 통합하거나 분리할 수 있도록 위임의 범위를 확대해야 할 것이다(정상우, 2015).

또한 지방격차 해소를 위한 일반 교부세 산정 기준 중 외국인을 인구에 포함하지 않다 보니, 행정 수요에 대한 비용을 지방자치단체에서 감당할 수밖에 없는 실정이다. 이주민 밀집지역에 대한 재정 지원의 현실화가 필요한 시점이다.

한편, 지방자치단체에서는 지역특성에 맞는 조례 제 · 개정이 필요하다. 연구 과정에서 나온 주민 요구와 타 지역 사례를 중심으로 도출된 조례 제 · 개정 방향(안)을 제시하면 다음 표와 같다.

〈표 Ⅵ-13〉 다문화도시 클러스터 구축을 위한 조례 제・개정 방향(안)

| 영역 | 주요내용 |
|---|---|
| 주민통합 | ∣지역 공동체 상호협력을 증진하고 지속 가능한 발전을 도모하기 위한 지역 공동체 조성과 사회적경제<br>∣생태계 조성 (서울 성동구 사례: 지역공동체 상호협력 및 지속가능발전구역 지정에 관한 조례) |
| 다문화도시 특성화 | ∣살고 싶은 지역, 찾아가고 싶은 지역을 만들기 위한 다문화도시 특성화 거리 조성<br>(예: 다른 지역과는 차별화된 특색 있는 간판 지원이나 주차시설, 기초질서 규제 등)<br>∣다문화도시 특성화 공간조성과 시설 운영 지원을 위한 근거 조례<br>(인천 차이나타운, 전주 한옥마을 사례 외)<br>∣다문화도시 특성화를 저해하는 상가 입점 규제<br>(전주 한옥마을 사례: 패스트푸드점 입점을 금지하는 방침)<br>∣다문화 특성화 상가 지원(예: 다문화 특성화 상가 인테리어 지원 등)<br>∣기타 다문화 특성화 거리를 위한 노점상 규제 및 규격화 |
| 비전 및 정책 | ∣다문화 특성화를 위한 정책 개발 및 지원 근거 |

전문가와 주민, 이주민, 그리고 시의원은 살고 싶은 지역, 찾아가고 싶은 지역을 만들기 위한 제도를 만드는 것이 필요함을 지적하고 있다. 구체적으로는 표에서와 같이 '주민통합' 요소, '다문화도시 특성화' 요소, '비전 및 정책' 요소로 나누어볼 수 있다.

'주민통합'적 요소로는 지역 공동체를 회복하고 일을 통해 지역 문제를 해결하고 지역 경제를 동시에 활성화할 수 있는 내용이 조례에 담겨야 한다. 구체적 사례는 서울시 성동구의 경우 지역공동체 상호협력을 증진하고 지속가능발전을 도모하기 위해 지역공동체 생태계 및 지역상권 보호에 필요한 사항을 규정하는 '서울특별시 성동구 지역공동체 상호협력 및 지속가능발전구역 지정에 관한 조례'를 올해 9월에 제정하기도 했다.

'다문화도시 특성화' 요소는 '다문화특구'내 상인들의 요구에서도 알 수 있듯이 안산의 다른 지역과는 차별화된 특색 있는 간판 지원이나 주차 등 기초질서 문제 등을 조례에 담을 수 있어야 한다. 또한 지역 특성화를 위한 공간조성이나 운영지원, 상가 조성 등의 내용을 담아야 한다. 구체적인 사례는 인천 차이나타운 조성 시 관련 지자체의 지원을 들 수 있다. 또한 전주한옥마을의 경우 '전주시 한옥마을 문화시설 등 셔틀버스 운영 조례'나 꼬치구이 퇴출문제로 한동안 논란이 있었지만 '패스트푸드점 입점을 금지하는 방침' 등은 좋은 사례라 여겨진다.

이외 '비전 및 정책'적 요소로 다문화 특성화 유지와 활성화를 위한 지속적인 정책 개발과 행정 지원의 근거 조례 구비가 필요하다.

### 5. 재정확보와 사회적경제 생태계

행정전략 및 세부계획 수립에서 빠질 수 없는 또 다른 고려 요소는 재정 확보 방안이다. 즉, 행정전략 및 세부계획 수립은 실행을 위한 인적•재정적 재원 확보 방안 없이는 현실성 없는 대안이 될 수 있기 때문이다.

그러나 다문화특구 지역은 2009년부터 200억이라는 많은 재정이 이미 투입된 상태다. 다시 말해 현재 연구대상 지역에 투입될 수 있는 재정은 이미 한계 지점에 있고 더 이상의 재정확보도 쉽지 않다. 그러나 이러한 재정 투입에 비해 평가는 다문화 특성화적 요소는 약화되고 있으며 지역 경제 활성화도 미흡하고 지역 공동체는 오히려 붕괴되고 있다는 평가다. 이와 함께 외부에는 유흥업소가 많은 우범지역이라는 부정적 이미지가 굳어지고 있다.

이와 같은 결과에 대한 원인 평가는 다양하게 제기될 수 있다. 그 중에서 중요하게 지적되는 지점은 주민이라는 당사자가 지역 개발 과정에서 배제되고 규제 없는 상업시설 위주로 지역 개발이 진행되었다는 점이다. 이 과정에서 지역 특성이 사라지고 부정적 이미지가 오히려 강화된 결과를 가져온 것이다.

즉, 주민이 참여해 지역발전 방향을 제시하고 이를 위해 주민이 인적 · 물적 자원을 동원해 지역 발전과 공동체 건설을 모색하는 과정이 결여된 결과를 보여준다. 이는 역으로 현재 이 지역은 지역 주민의 참여를 통한 지역발전 방향 제시와 인적•물적 자원동원 과정 모색이 필요하다는 것을 의미하기도 한다.

결국 연구대상 지역은 현재 제한된 예산 속에서 지역 주민이 주체가 되어 지역 문제를 해결하고 지역 경제를 활성화해야 하는 과제를 안고 있다. 이러한 한계를 극복하기 위한 대안 중 하나로 제시할 수 있는 제안은 사회적경제 생태계를 조성하는 것이다.

지역 주민의 참여를 통해 지역문제를 설정하고, 지역의 문제 해결을 위해 지역 주민들이 참여해 인적•물적 자원을 동원해 지역 문제를 해결함과 동시에 지역 공동체가 상호교류를 통해 자생적인 지역 경제 공동체를 발전시키고 지역 경제를 활성화시키는 상태를 '사회적경제 생태계' 조성이라 할 수 있다.

사회적경제 생태계는 지역 사회 내 사회적기업, 협동조합, 마을기업, 자활기업 등 다양한 형태의 사회적경제 조직이 참여해 구축된다. 이러한 사회적경제 조직의 참여 과정에서 중요한 지점은 각 단체는 사회적 미션을 설정하고 이를 해결하기 위해 인적이고 물적인 자원을 동원하는 과정이 존재한다는 점이다.

사회적 미션은 복지, 인권, 노동 등 다양한 지역내 문제 영역에서 설정될 수 있다. 안산시의 다문화도시 클러스터인 '국경없는마을'도 이와 같은 사회적경제 조직을 바탕으로 이 지역 사회내 문제 해결을 함께 제기하고 해결할 수 있는 방향을 모색할 필요가 있다.

특히 중앙정부나 지방정부의 예산 투입 한계 상황에서 지역공동체 재구축과 지속적인 지역 경제 활성화를 위해서는 다양한 형태의 사회적경제 조직과의 교류와 상호협력이 필수적이라 할 수 있다. 사회적경제 조직은 관이 제한된 예산 속에서 지역 발전을 위해 사회적경제 조직을 동원한다는 시각을 가질 수 있다. 그러나 지역의 위기를 극복하기 위해서 어떤 역할을 하고 관과 어떻게 협력할 수 있을지에 대한 고민이 필요하다. 이는 연구대상 지역의 사회적경제 조직뿐 아니라 연구대상 지역 내 다양한 종교단체와 시민사회단체도 마찬가지다.

# Ⅶ. 정책 제언 및 기대효과

## 1. 정책 제언

### 1) 주민통합적 요소를 위한 제언

현재 연구대상 지역의 가장 큰 문제는 지역 내 불신이 팽배해 있고, 민관협력체뿐 아니라 시민사회단체 간 공동체도 해체되고 있다는 점이다. 이는 지역 내에서 어떤 사업을 하던지 지역 주체의 참여나 관심은 낮을 수밖에 없고, 지역이 활력을 잃어가며 더 쇠퇴할 수 있다는 것을 의미한다. 다문화도시 클러스터 구축도 기본적으로는 지역 공동체가 건강해지고 지역 비전을 수립하고 공유하는 가운데 함께 만들어가는 과정 속에서 진행되지 않으면 성공할 가능성이 낮다.

따라서 다문화도시 클러스터 구축을 통한 지역 발전이나 지역 경제 활성화를 논하기에 앞서 지역에서 해결해야 할 가장 시급한 문제는 건강한 지역 공동체를 수립하는 것이다. 지역 공동체가 버티고 책임성 있는 민관협의체를 구성하고 실질적 참여를 가능하게 해야 한다. 그렇지 않으면 다문화도시 클러스터 구축 사업은 민 – 관의 불신 속에서 갈등과 협력이 공존하는 형식적 사업으로 머물 수 있음을 주지해야 한다.

### 2) 다문화도시 특성화 요소를 위한 제언

#### (1) 주요 장소 선정 및 개발 기준

다문화도시 클러스터 형성의 주요 전략 중 하나는 연구대상 지역에 다문화적 요소가 있는 주요 장소를 선정, 이를 개발해 지역 문화공간이나 교육공간 등으로 활용하는 방안이다. 그러나 연구과정에서는 다문화적 요소가 가미된 상징적 주요 장소는 실질적으로 많지 않고 공공기관 건물 또는 안산시의 유휴지가 대부분을 차지하고 있는 현실이다.

그럼에도 향후 다문화도시 클러스터 구축 사업을 진행하기 위해서는 주요 장소를 선정하는 과정과 이를 개발해야 하는 과정이 존재한다. 이와 관련해 향후 장소 선정 또는 장소 개발 과정에서 염두에 둘 몇 가지 기준을 제시하면, ① 역사성(사건과 이야기), ② 상징성(생각나는 기억의 장소), ③ 활용 가능성(현대적 문화와 여가 공간), ④ 실현 가능성(장소 확보 가능성과 재원)을 들 수 있다.

현실의 정책 실행 과정에서는 역사성이나 상징성 있는 장소보다 활용 가능성과 실현 가능성 있는 장소 위주로 장소를 선정, 이를 개발할 수 있다. 그러나 이 경우 역사성과 상징성이 부여될 수 있는 전략적 방향을 갖고 개발을 해야 한다. 그렇지 않을 경우 기존 관공서 또는 상가와 차별성 없는 공간이 되고, 나아가 지역 자체가 차별성 없는 공간이 될 수 있다.

(2) 주요 장소 운영 기준

장소 선정 및 개발 기준에서 제언했듯이, 향후 다문화도시 클러스터의 주요 장소들은 다문화적 요소를 갖는 차별성이 있어야 한다. 이와 같은 차별성을 갖기 위해서는 장소 구성 및 운영 과정에서도 다문화적 요소의 상징성과 역사성을 형성하도록 할 필요가 있다.

o 차별성: 상징성과 역사성

주요 장소가 민간 소유의 장소이고 민간에서 운영할 경우 이러한 장소를 임의로 상징성과 역사성을 갖도록 강제할 수 없다. 따라서 제도적으로 주요 장소 구성 및 운영과정에서 다문화적 요소를 갖는 상징성이나 역사성을 갖도록 유도할 필요가 있다. 이와 관련해 현재 원곡본동 내 다문화특구 음식점의 경우 다문화적 이미지를 위한 인테리어 변경을 지원하는 사례가 있다. 즉, 제도적 지원 과정에서 주요 장소가 다문화적 요소의 상징성과 역사성을 갖도록 유도할 수 있는 유인은 다양할 수 있다.

주요 장소가 민간 소유가 아닌 관공서 또는 공공기관의 경우 주요 장소의 구성 및 운영과정에 다문화적 요소의 상징성과 역사성이라는 차별성을 가질 수 있는 운영 기준을 제시할 수 있다. 예컨대 인테리어나 상징 조형물의 경우 건물 특성이나 용도에 맞는 다문화적 요소의 인테리어나 상징 조형물 설치 기준을 마련할 수 있다. 이러한 경우는 관공서 또는 공공기관이 소유 건물을 직접 운영하거나 간접 운영하거나에 가이드라인 기준을 설정해 운영할 수 있다. 이와 같은 과정이 장기적으로 진행되는 과정에서 지역은 장소의 역사성과 상징성을 가지며 차별적 공간이 되는 것이다.

o 참여형 및 구성형 프로그램과 운영 방식

주요 장소나 공간이 관공서 또는 공공기관인 경우 이 장소를 활용해 다양한 프로그램을 진행할 수 있다. 그러나 면접조사 과정에서는 지역 내에서 관주도의 사업에 대해 불신이 갈수록 팽배해지고 있다. 현재 여러 시민단체에서는 안산시에서 운영하는 각종 지원센터를 이익단체로 보고, 지금은 민간단체가 하던 사업마저도 시에서 운영하는 등 기존 단체들을 배제하고 있다는 인식이 팽배해 있다.

향후 관공서 또는 공공기관인 소유한 주요 장소를 다문화도시 클러스터 형성 사업을 위해 운영하는 과정에서는 시행하게 될 다양한 프로그램은 연구과정에서 나타난 시민사회의 불신을 문제를 해결하는 방향으로 진행되어야 한다.

또한 시민의 다양한 의견이 시민사회단체를 통해 자유롭게 개진되고 수렴되지 못하고 관주도의 기획 형태로 진행되는 사업은 장기적으로 형식화되고 예산 낭비 요소가 될 수 있다. 그리고 지자체장이 바뀌거나 할 경우 관련 사업이나 프로그램이 폐지될 수 있다. 즉, 관주도의 프로그램은 장기적 발전이나 지속 가능성이 낮아지는 것이다.

향후 발생할 수 있는 문제를 조금이나마 방지하기 위해서 향후 주요 장소 선정 및 개발 후 운영 과정에서는 시민사회단체가 프로그램 운영 과정에 참여해 프로그램을 구성하는 구성형, 그리고 프로그램을 실행하는 과정에 주체가 되어 직접 참여하는 참여형 프로그램이 될 수 있도록 운영의 가이드라인 기준을 정할 필요가 있다.

이와 같은 운영의 가이드라인 기준이 정해지고 시민사회단체를 비롯한 지역 구성원에 가이드라인 기준이 제시되지 않으면 향후 다문화도시 클러스터 구축 사업은 지역 구성원들의 불신과 부정적 시각 속에서 진행이 어려워질 수 있다.

> "…직영한다는 얘기 들었어요. 계속 시에서 직영을 한다고 그러나 봐요 시 흐름이 그렇다고 해요. 마치 자기네 건물로 생각을 하고 있어요…"

면접과정에서 나온 위의 진술을 다시 한 번 곱씹어볼 필요가 있다. 이런 불신 속에서 안산시는 다문화도시 클러스터 구축에 앞서 어떻게 시민사회단체와 지역 구성원을 설득하고 신뢰를 얻을 수 있을지에 대한 고민이 더 필요한 시점이다.

(3) 다양한 지역 행사 및 프로그램 정비

현재 안산시에는 다문화 관련 축제나 체육대회 등 다양한 행사가 있다. 그러나 이중 어느 하나 아직은 안산시를 대표하는 것으로 자리 잡지 못하고 있으며, 연구대상 지역인 원곡동 일대도 마찬가지다. 시민사회단체의 주요 행사 프로그램을 검토해보면 유사한 행사나 프로그램이 겹치기 식으로 진행되는 경우도 있다. 또한 주요 행사 중 일부는 시민사회단체에서 하던 것을 시에서도 주최해 내용이 겹치고 자원과 인력이 분산되고, 시민사회단체와 시가 경쟁하는 모양새가 되기까지 하고 있는 현실이다.

이러한 다양한 다문화 행사 관련, 안산시 공무원들은 원곡동 지역의 다문화적 특성화를 위해서는 백화점 사업이 아닌 특성화 사업에 집중하고 시 차원의 행사를 줄여나가고 지역 다문화 축제를 시민의 축제로 전환할 필요가 있음을 지적하고 있다.

○ 점검을 통한 선택과 집중

선택과 집중을 위해서는 우선 안산시의 다양한 다문화 행사 및 프로그램을 점검할 필요가 있다. 이 과정을 통해 안산시는 선택과 집중의 원리를 적용해 시민사회단체가 중심이 되어 집중적으로 진행해야 하는 사업과 안산시가 집중적으로 진행해야 하는 사업을 나누고 각 사업에 맞는 역할을 정하고 협력 체계를 구축해야 한다. 이를 통해 각 영역에서 선택과 집중을 통한 특성화 사업을 효율적으로 진행하는 가운데 시너지 효과가 있을 수 있도록 해야 한다.

집중의 경우 또 하나 중요하게 고려할 점이 있다. 이는 주요 다문화 행사 중 축제 장소를 원곡동 지역에 집중함으로써 지역 자체의 상징성을 강화하는 방안이 필요하다는 점이다. 현재 다문화 관련 각종 행사가 안산시 곳곳에서 진행되고 있다. 그러나 이러한 분산된 장소의 다문화 관련 행사는 기존에 있던 원곡동의 다문화적 특성을 분산시키고 있다. 또한 장소적으로 분산된 행사로 인해 행사 준비와 참여 과정에서 애로점들이 발생하고 있다.

즉, 다문화 관련 행사를 두서없이 안산시 전체에 분산시켜 진행하는 현재의 방식은 지역적 집중을 통한 다문화 특성화를 위한 물적 인프라를 효율적으로 진행시키지 못한다는 것을 의미한다. 따라서 향후 주요 행사의 경우 행사 성격에 따라 지역적 집중과 분산이 필요하다. 예컨대 축제나 문화행사는 원곡동에 집중하고 체육행사와 같은 스포츠행사는 화랑유원지 주변이나 와스타디움 등으로 집중하는 방식이 필요하다.

○ 지역 시민단체 또는 공동체 주최 방식

연구과정에서 살펴보았듯이 현재 안산시는 다양한 다문화 관련 행사는 프로그램을 직접 진행하고 있다. 그러나 면접과정에서는 이러한 방식이 오히려 시민사회의 불신을 가져오는 계기가 됨을 확인할 수 있었다. 또한 시 차원의 행사를 진행할 경우 많은 인력과 재원이 투입되고 있다. 그러나 이에 비해 효과성은 낮은 게 현실이다. 따라서 시 차원의 행사는 줄여나가고 지역 다문화 축제를 시민이 중심이 되는 축제로 전환할 필요가 있다. 이러한 지적은 공무원뿐 아니라 많은 시민사회단체들에서도 제기하고 있는 요구임을 감안할 필요가 있다.

○ 체계적 홍보 대책 마련

다문화 행사관련 체계적 홍보 및 지원이 부족하고 이에 대한 대안이 필요한 시점이다. 안산시에 다양한 다문화 관련 축제나 행사들이 있으나 하나하나 찾아보기 전에는 정작 어떤 행사가 있는지 알 수 없다. 연구과정에서는 연구대상 지역에서 큰 축제가 있음에도 불구하고 지역 주민이나 지역을 방문하는 사람들은 대부분 모르고 있었다. 지역 내에도 관련 홍보물은 플랭카드만이 몇 개 걸려있는 정도였다.

지역내 행사라 하더라도 지역 구성원들이 행사 내용을 알고 참여할 수 있는 계기를 만들어야 한다. 그러나 현실은 자기들만의 행사에 머물고 있다. 그리고 안산시의 다양한 다문화 관련 지원센터는 지역 내 행사에 대한 체계적 홍보 대책이나 지원 없이 다양한 행사를 활용한 홍보의 시너지 효과를 보지 못하고 있는 것이다. 이와 관련, 향후 안산시는 체계적인 다문화 관련 지역 행사에 대한 홍보 대책과 지원책을 마련해 시행할 필요가 있다.

3) 비전 및 정책적 요소를 위한 제언

이태원은 상가 중심의 음식 및 문화관광 체험 도시로서의 성격이 강하다. 지역 주민의 자발적 참여 공동체가 결여된 개별화된 이주민 특화지역이라 할 수 있다. 이러한 조건 속에서 이태원은 서울이라는 지리적 위치와 주변 관공서 등이 결합된 특화 지역이라 할 수 있다. 그러나 자발적 참여 공동체가 결여된 조건 속의 지역 특화발전은 한계가 있다.

인천 차이나타운이나 전주 한옥마을은 관이 중심이 되어 지역 특화사업을 주도하고 성공적으로 이끌어낸 사례다. 이러한 지역은 단기간에 지역 특화에 성공하고 외부 관광객 유입을 유도하고 있으나, 지역주민의 자발적 참여가 적고 지역이 관광지로서 대상화되고 지역주민으로부터 소외되고 있다는 한계가 있다. 다시 말해 지역 주민의 생활과 결합된 발전 동력이 없고 자발적 참여가 없다는 것을 의미한다. 또한 행정기관의 추진과 지원이 없을 경우 장기적인 발전은 한계가 있다는 것을 의미한다.

이에 비해 안산 다문화도시 클러스터는 지역 주민의 자발성에 기초한 공동체를 구축하고, 이를 바탕으로 상징적 장소와 공간을 개발하고 자원화하는 한편 지역 경제발전을 꾀하는 주민통합형 도시발전 전략이라는 특성을 갖는다. 이와 같은 특성은 이태원과 또 다른 특성을 갖는 다문화 생활공동체로, 지역에서 지속 가능한 사회적경제를 구축하고 지역의 사회적 문제 발굴 및 해결과 함께 지역의 자생적 경제 발전을 꾀한다는 점에서 중요한 의의가 있다.

이는 향후 안산 다문화도시 클러스터가 타지역의 이주민 집중 거주 지역과 구별되는 중요한 차별점 중 하나가 될 것이다.

## 2. 기대효과

○ 대내외적 이미지 개선

다문화도시 클러스터 구축 과정은 단순히 장소나 공간을 개발하고 이를 사업화하는 과정은 아니다. 지역에 대한 문제점이나 요구를 수렴하고 이의 해결 과정을 클러스터 개념을 통해 지역 자원을 활용하고 지역 구성원들이 주체가 되어 해결하는 과정이다. 이러한 과정은 자연스럽게 지역내 문제, 특히 부정적 이미지를 가져오는 범죄나 성매매 등의 지역 문제가 자율적으로 규제되고 정비되는 계기가 될 수 있다. 이와 같은 결과는 대내외적 이미지를 개선하는 효과를 가져올 수 있다.

또한 다문화도시 클러스터 구축을 통해 재구성되고 변한 모습은 다문화도시로서 안산의 또 다른 선도적 역할 모델이 될 것이다. 이러한 선도적 역할은 다문화도시로서의 안산의 이미지 개선뿐 아니라 연구대상 지역인 '국경없는마을'의 재도약 모습을 외부에 알리는 계기가 될 것이다.

○ 다문화 특성화를 위한 유 • 무형의 인프라 구축

다문화도시 클러스터가 구축되는 과정에서는 하드웨어적인 물적 인프라와 소프트웨어적인 프로그램과 제도적 인프라가 조성된다. 이러한 과정을 통한 다문화도시 클러스터는 향후 지역 자체가 다문화 교육을 위한 장소일 뿐 아니라 다문화 공정여행이 가능한 인프라를 구축하는 계기가 되고, 이는 지역 자체가 다문화 체험형 교육 장소이자 관광장소로 탈바꿈하는 계기가 될 수 있다.

기존 체험형 교육 장소나 관광 장소와 다른 점은 지역 주민 또는 방문객이 대상화가 되는 것을 지양한다는 점이다. 특히 연구대상 지역에서 생활하고 있는 지역 주민이 중심이 되어 참여하고 만들어가는 공간이다. 그러나 여기에 머물지 않고 외부 방문객들이 참여하고 만들어간다는 점에서 탈주체적인 차별적 다문화 지역을 구성의 선도적 계기가 되는 기대를 할 수 있을 것이다.

○ 다문화도시 안산시의 브랜딩

다문화하면 안산이 떠오를 정도로 다문화사회의 상징적 도시로서 지역브랜딩과 특성화를 확장 홍보해 나갈 수 있을 것으로 보인다. 나아가 다문화 도시로서 모범적인 행정체계, 정책, 사업 등을 통해 전국 다문화도시 지역 특성에 맞는 로드맵을 제시할 수 있는 좋은 사례로 기대가 될 수 있다.

○ 주민통합형 지역 경제 공동체와 지역 경제 활성화 통한 다문화시대 대안지역공동체 제시

연구대상 지역인 원곡동 – 신길동 – 초지동 일대를 중심으로 한 안산 다문화도시 클러스터 구축 사업 과정은 먼저 지역 공동체를 재구축하는 계기가 될 것이다. 이는 다문화도시 클러스터 사업 성공적으로 추진되기 위해서는 지역 구성원들의 신뢰와 연대가 필수적이기 때문이다. 즉, 신뢰와 연대를 바탕으로 지역 문제를 공유하고 이의 해결을 위한 사업 추진을 다문화도시 클러스터 사업을 중심으로 전개하는 것이다. 이 과정에서 자연스럽게 일을 통한 협력체계가 구축되고 주민통합형 지역 경제 활성화의 계기와 함께 지역내 공동체가 재구축되는 효과를 가져오는 계기가 될 수 있는 것이다.

다문화도시 클러스터가 성공적으로 진행될 경우 지역 경제 활성화와 지역 공동체 재구축 과정에서 기대되는 부수적 효과는 주민들의 생활여건이 개선되고 삶의 질을 개선하는 효과를 가져올 수 있다는 점이다. 이러한 삶의 질 향상은 다음과 같은 상상을 통해 그려볼 수 있다.

즉, 다양한 다문화 관련 상징물과 조형물이 어우러진 이국적이고 깨끗한 거리, 그리고 다양한 디문화적 특성을 갖는 문화공간과 편의 시설들, 이러한 주요 공간을 중심으로 이루어지는 다양한 문화프로그램과 지역 상권, 그리고 다양한 방문객들과 이들이 형성하는 작은 공동체, 이 속에서 살아가는 지역 주민과 공동체들의 어우러짐과 만남. 쉽지는 않겠지만 최소한 지금과 같은 삭막한 공간이 바뀐 후의 모습을 기대할 수는 있는 것이다. 이러한 정책전략을 통해 안산시는 다문화 사회에서 지역사회 대안 공동체의 모델을 제시할 수 있게 될 것이다.

# 참고문헌

김경민. 2012. | 외국인 밀집지역의 입지특성과 주민의식에 관한 연구 : 서울시를 대상으로. 한양대 석사논문.

김경애. 2008. | 서울시 문화지구정책의 효과성 연구 : 인사동과 대학로 문화지구의 비교. 국민대 석사학위논문.

김동춘 외. 2013. | 「구로공단역사기념사업 세부계획(안) 수립 연구용역」 보고서. 구로구청 • 금천구청 • 한국산업단지공단.

김효정. 2006. | 「현대도시들의 새로운 도전, 문화도시, 살기좋은 지역만들기」. 국가균형발전위원회. 제이플러스 애드.

박경하. 2013. | "이태원의 다문화적 성격에 대한 역사적 접근". 중앙사론 38집. pp.159-186.

박난순 • 이석환 • 주효진 2004. | "장소마케팅을 활용한 지역발전에 관한 연구 : 문화전략모형을 중심으로". 한국지방정부학회 2004(1). pp.1-17.

박배균 • 정건화. 2004. | "세계화와 '잊어버림'의 정치 : 안산시 원곡동의 외국인 노동자 거주지역에 대한 연구". 한국지역지리학회지. 10(4). pp.800 ~ 823.

박삼옥. 2000. | "비서구지역 신산업지구 : 한국의 사례". 「현대경제지리학」. 아르케.

박세훈. 2010. | "한국의 외국인 밀집지역 : 역사적 형성과정과 사회공간적 변화". 한국도시행정학회.

박세훈. 2015. | "안산시 외국인 인구구조 변동과 그 함의". 제8회 세계인의 날 기념 심포지엄 다문화 도시 '안산'의 위치를 묻다.

박세훈 • 김은란 • 박경현 • 정소양. 2011. | 「도시재생을 위한 문화클러스터 활용방안 연구」. 국토연구원.

박세훈 • 이영아 • 김은란 • 정소양. 2009. | 「다문화사회에 대응하는 도시정책 연구 I , 외국인 밀집지역의 현황과 정책과제」. 국토연구원.

박천응. 2007. | "한국적 다문화 운동의 실천 : 안산 국경없는 마을 운동을 중심으로". 한국사회학회 기타간행물.

박천응 • 한진상 • 윤자호. 2015. | 「국경없는 마을의 다문화콘텐츠 연구 : 안산시 원곡 • 신길동 지역」. 국경없는마을.

박태원 • 송문섭. 2012. | "헤이리예술마을의 장소성 인식 요인분석". 한국도시설계학회지 제13권 제6호. pp.177 ~ 194.

서민우. 2009. | "다문화의 정치적 장에 관한 연구 : 안산시를 중심으로". 비교문화연구 15(2). pp.79 ~ 114.

서부지역공업단지관리공단. 1993. | 「서부공단 15년사」.

서철현 외. 2012. | 「경북 농촌 관광마케팅 결과보고서」. 대구대학교.

송도영. 2011. | "도시 다문화구역의 형성과 소통의 전개방식 – 서울 이태원의 사례". 담론 14(4). pp.05 ~ 39.

송도영. 2014. | "국내 무슬림 이주자들의 생활영역과 초국적 성격 : 서울 이태원 출입 무슬림의 사례". 한국이슬람학회논총 24(2). pp.113 ~ 153.

신성희. 2009. | 「인천시 다문화 분포의 공간적 특성에 관한 연구」. 인천발전연구원 .

신유경. 2013. | 다문화지원단체의 형성과정과 역할변화 : 안산시 원곡동을 사례로. 서울대학교 대학원 석사학위논문.

오경석. 2014. | "안산시 원곡동 국경없는 다문화 마을의 형성과 변화". 로컬리티의 인문학. No.38.

오경석 • 정건화. 2006. | "안산시 원곡동 '국경없는 마을' 프로젝트: 몇가지 쟁점들". 한국지리학회지 12(1). pp.72 ~ 93.

오정은. 2015. | "네덜란드 암스테르담시의 이민자 사회통합정책". 제8회 세계인의 날 기념 이민정책포럼 자료집.

오정은 • 김태경 • 심재웅 • 이은아. 2010. | 「다문화 친화적 도시환경 조성방안 연구 : 고양시 사례를 중심으로」. IOM 이민정책연구원 연구보고서 No.2010-03.

이근영. 2014. | "전주한옥마을 '주민'의 다양한 구성과 정체성의 정치". 지역사회연구 22(3). pp.01 ~ 24.

이범훈 • 김경배. 2010. | "인천 개항장의 장소만들기 실태 분석 및 발전방향 연구". 한국도시설계학회지 11(5). pp.95 ~ 112.

이선희. 2011. | "전통문화구역 정책변화가 주민사회에 미치는 영향 – 전주시 '한옥마을'을 사례로". 지역사회연구 19(1). pp.109 ~ 135.

이수진 • 김태경 • 이소라. 2013. | 「파주 헤이리 문화지구 운영성과 및 발전방안」. 경기개발연구원.

이정훈. 2005. | "장소의 상징적 이미지와 문화적 활동의 영역적 체계에 입각한 문화관광개발의 개념적 모형 정립". 한국지역지리학회지 11(5). pp.405-425

이창호. 2008. | "차이나타운의 재개발과 의미의 경합: 인천지역의 사례를 중심으로". 한국문화인류학 41(1). pp.209-248.

이태정. 2004. | "한국 사회 이주노동자들의 사회적 배제와 연대". 한국사회학회 사회학대회 논문집.

이화여자대학교. 2013. | 「영월 스토리텔링 마케팅전략에 관한 연구 보고서」.

이희수 외. 2008. | "서울 이태원동 일대의 이슬람 타운화 과정에 관한 연구". 한국이슬람학회논총 18(2). pp.47 ~ 86.

장기영. 2010. | 안산시 다문화축제 활성화 방안 연구. 한양대석사논문.

정건용. 2011. | 공예문화산업클러스터 조성방안에 관한 연구. 전남대학교 박사학위논문.

정건화. 2005. | "산업도시 안산의 형성, 발전과 위기". 「근대 안산의 형성과 발전」. 한울.

정상우. 2015. | "지방자치단체의 이민자 사회통합과 조례의 역할". 제8회 세계인의 날 기념 이민정책포럼 자료집.

정성영 외. 2014. | "한국 다문화정책의 거버넌스 구조 변화 분석: 안산시 원곡동 사례를 중심으로". 한국정책학회 춘계학술대회. pp.233 ~ 257.

조상운 외. 2013. | 「인천개항창조문화도시 정책방향 연구」. 인천발전연구원.

Griffiths, R. 1995. | "Cultural strategies and new modes of urban intervention". Cities 12(4).

Porter, M. E. 1998. | " Clusters and the New Economics of Competition". Harvard Business Review 76(6).

Porter, M. E. 2009. | 마이클 포터의 국가 경쟁우위. 1998. 문휘창 역. 서울 : 21세기북스.

Scott, A. J. 2000. | The Cultural Economy of Cities. London: SAGE.

Stern, Mark J. & Seifert, Susan C. 2010. | "Cultural Clusters: The Implications of Cultural Assets Agglomeration for Neighborhood Revitalization". Journal of Planning Education and Research 29(3).

경기도이야기 | http://gnews.gg.go.kr

안산 시민시장 | www.ansanmarket.co.kr

안산시청 | www.iansan.net

안산외국인주민센터 | http://global.iansan.net

오마이뉴스 | www.ohmynews.com

인천일보 | www.incheonilbo.com

중소기업청 지역특화발전특구 | http://www.smba.go.kr

초지동주민센터 | http://danwon-gu.iansan.net/dongoffice/21_dong/00_main/main.jsp

통계청 | www.kostat.go.kr